舵手汇

www.duoshou108.com

聪明投资者沟通的桥梁

超短线操盘制胜之道

职业交易生涯的经验和技巧

【美】托马斯·L.巴斯比　著

韩孟真　姜井勇　译

康　民　校译

山西出版传媒集团
山西人民出版社

图书在版编目(CIP)数据

超短线操盘制胜之道：职业交易生涯的经验和技巧／(美)托马斯·L.巴斯比著；韩孟真，姜井勇译；康民校译. —太原：山西人民出版社，2019.11
 ISBN 978-7-203-10377-6

Ⅰ.①超… Ⅱ.①托… ②韩… ③姜… ④康… Ⅲ.①股票交易—基本知识 Ⅳ.①F830.91

中国版本图书馆 CIP 数据核字(2018)第 071135 号
著作权合同登记号　图字：04-2014-021

超短线操盘制胜之道：职业交易生涯的经验和技巧

著　　者：(美)托马斯·L.巴斯比
译　　者：韩孟真　姜井勇
校　　译：康　民
责任编辑：李建业
复　　审：武　静
终　　审：张文颖
装帧设计：任燕飞工作室
出　版　者：山西出版传媒集团·山西人民出版社
地　　址：太原市建设南路 21 号
邮　　编：030012
发行营销：0351-4922220　4955996　4956039　4922127(传真)
天猫官网：http://sxrmcbs.tmall.com　电话：0351-4922159
E-mail：sxskcb@163.com　发行部
　　　　sxskcb@126.com　总编室
网　　址：www.sxskcb.com
经　销　者：山西出版传媒集团·山西人民出版社
承　印　者：三河市京兰印务有限公司
开　　本：710mm×1000mm　1/16
印　　张：13.5
字　　数：210 千字
印　　数：1—5000 册
版　　次：2019 年 11 月　第 1 版
印　　次：2019 年 11 月　第 1 次印刷
书　　号：978-7-203-10377-6
定　　价：68.00 元

如有印装质量问题请与本社联系调换

致 谢

在此，我非常感谢帮助我完成这本书的人。首先，我要谢谢陪伴我20多年的妻子宝拉（Paula），以及我的两个儿子，温斯顿（Winston）和摩根（Morgan）。我感谢他们并不是因为他们写了这本书，而是因为他们经历了这本书的整个创作过程。他们真切体会到交易者的生活——与我共同面对崎岖的人生之路，共同经历跌宕起伏。我感谢他们支持我从事喜爱的工作。他们的耐心和理解让我取得了今天的成就。

我也要感谢我的父亲梅尔文（Melvin）。他的指引和教导是我多年来的指明灯，照亮了我前行的道路。父亲，我爱你。

同样，我还想感谢帕奇·道（Patsy Dow），她既是我的表妹，又是我的学生，也是这本书的语言指导。帕奇介绍了我的交易方法和技巧，并将其融入我的个人故事和经历中。她精确地把它们从我脑海中搬到书本上。我很欣赏她的辛勤和对工作的奉献精神。

另外，我要感谢珍妮特·希姆斯（Jeanette Sims），她是日内交易研究所（DTI）的营运总监，也是我的挚友。珍妮特花费了大量时间校对和编辑本书，并加入了其思想。日内交易研究所首席指导杰夫·史密斯（Geof Smith）加入了增强和解释信息的文本和图形。同时，我要感谢我的老朋友和学生克里斯托弗·卡斯特罗维耶霍（Christopher Castroviejo），他帮助我润色事实、数据以及该书的整体结构。我还要感谢所有日内交易研究所的学生，正是因为他们，我的市场知识得以增强。感谢你们每一个人。

另一个对我的交易事业有重大影响的人是鲍比·金·史密斯博士（Dr. Bobby Gene Smith）。在过去许多年中，他给予我信任和耐心。几年前他过世了，但他对我的生命和生活都产生了深远影响。

最后，我要特别感谢凯文·康明斯（Kevin Commins），以及约翰·威利父子出版社的所有员工，是他们让这本书得以顺利出版。

目录

第1章　严酷的考验：黑色星期一／1

第2章　时间是关键／17

第3章　交易是一场数字游戏／35

第4章　盘口解读／51

第5章　交易不相信眼泪／67

第6章　不打无准备之仗／79

第7章　管理风险才能获得收益／93

第8章　重视新闻／109

第9章　切入正题／123

第10章　做好准备，才会获得成功／147

第11章　对比研究／161

第12章　要点概述／171

第13章　关于天才学说的反思／185

附录A　术语汇编／189

附录B　准备工作／199

附录C　订单类型／205

译后记／209

引言

交易是一个有风险的行业，需要较好的判断力和大量的技巧：精准的市场分析、正确的操作、良好的情绪控制、遵守规律、坚持不懈，以及良好的资金管理。这些对交易是不可或缺的。但有时即使方法正确、操作无误，也仍然会蒙受损失。

我们尽最大努力保证该书所提供的信息的准确性和精确性。但我们都是普通人，错误在所难免。该书提供的信息和技巧对我来说是非常有用的。但是，我不能也不会保证或担保这些信息和技巧对你也起到同样的作用。我只是希望你能从中找到一些有用的思想。事实上，我希望你能通过这些信息和思想享受交易，并且获得丰厚的利润。

在交易之前，确保你有能力承担相应的风险损失。首先你要降低风险，其次再考虑收益。过去，这一方法使我收获颇丰，但这并不意味着未来也是如此。

好好阅读此书，认真进行交易。

第1章 严酷的考验：黑色星期一

1987年10月19日，星期一，早上太阳升起时，我仍然对经济充满了信心。我拥有一份不错的工作，一栋漂亮的房子，还有舒适的汽车，以及银行存款，我坚信未来我一定会越来越富有。然而日落时分，我破产了！

在这一天之中，道琼斯工业股票平均指数下降了500多点，损失了总价值的22%。1万亿美元的金融资产如狂风中的一粒烟尘迅速消失殆尽。当然，不只是道琼斯指数。纳斯达克指数同样也损失了其价值的10%以上。

美国金融市场经历了一次自由落体，似乎没有谷底，也没有支撑。另外，经济下滑不仅出现在美国，全球范围内的主要市场都大幅跌落。就像是华尔街的一场大火失控，迅速蔓延到全球，速度甚至比在既炎热又茂密的灌木丛中都快。加拿大市场遭受了前所未有的重创，在这场金融灾难中损失了20%以上。国际社会不再繁荣：截止到周末，伦敦金融时报证券交易所指数的平均股票价值下跌20%以上；亚洲市场同样也遭受重创。10月20日，日经指数遭受了前所未有的打击。新加坡市场在一周内也迅速下滑。在经历了巨大的经济滑坡之后，10月20日恒生关闭了数天。此次金融危机中，澳大利亚市场遭受了前所未有的高达两位数的损失。一些交易所和指数关闭了数天，希望通过短暂的休息或暂时的停歇来平复紧张的神经。此时，经济全球化的感受是如此真实。

是什么引起了这场灾难呢？理论很多，每个人都有自己的想法。程序交易者（Program traders）、不断增加的联邦债务、高债券收益率、市场估价过高——这些只是推测的几个原因。事实上,这些因素可能都起一定作用。我不知道,也不关心这些原因。

对我来说,这场争论太学术了。真实的情况是我和一些客户、好友损失了很多钱。我丢失的不仅是我的财富,还有我的自信。我破产了,我开始怀疑我的交易能力。我为客户和自己感到悲哀。

尽管我深陷绝望之中,但我没有时间去遗憾,也不想退出交易行列。我妻子和两个孩子需要我。是时候证明我不会选择失败了。

从猪腩到泛美航空

经济危机发生时,我已经做了接近10年的交易员。1978年我初次接触股票市场,那时我跟随美国空军驻扎在西班牙。我的一个下属官员经营猪腩生意。他经常和我谈论他的经历和利润。他描绘得非常有趣,也很简单。虽然知之甚少,但我也想涉足猪腩或其他产品的经营。我不知道如何开始,当时我只听说过美林银行(原因应该是以前他们的电视广告是瓷器店里的公牛)。我天真地认为美林银行是唯一的证券经纪公司。

我驻扎在马德里托雷洪空军基地,而证券经纪公司位于城市中心商业区。我不得不乘坐地铁,尽管我非常不愿意,因为对我来说乘坐地铁是非常困难的事情。我不太会讲西班牙语,而且我的南方口音也使仅会的几个西班牙词带着缓慢的鼻音。正如现在,我都不会卷舌。为了交流,我不得不靠大量的手势。我来自小城镇,因此对马德里这样的大城市感到畏惧。我不断地问路,并且用手比画着来寻找证券经纪公司。这就是南方西班牙语加手势。

最后我到达证券经纪公司,开了一个股票账户,来经营猪腩生意。那时我非常无知和幼稚,我甚至不知道猪腩不能通过股票账户来交易。事实上我也不清楚猪腩是商品,而股票是股票。至少不清楚两者的区别。

我开立了账户。此时军队出版了《星星与条纹》(*The Stars and Stripes*),大力宣扬为外国人民服务的精神,并且帮助他们在家乡实现人权。我开始关注金融消息,并且密切留意股票报价,即使报价可能是三天前的。那是我市场调研的开始。阅读了《星星与条纹》并了解了相关信息后,我决定购买第一只股票。我购买了100只泛美航空股票和100只东部航空股票。我关注每一期《星星与条纹》,以便可以掌握所持股票的动态。作为股票持有人,我喜欢谈论我的新投资组合。

不幸的是,我的投资终究没有获得收益,两家公司都倒闭了。但我没有被失败打倒,这时我的心态是要么一夜暴富,要么一无所有。当我的股票交易失败时,我变得一无所有。但是我并不是这么容易被打倒的。一次失败不会把我变成懦夫。我享受投资,并且我会继续研究市场,寻找其他可购买的股票和投资机会。交易与我曾经从事的运动非常相似,因此我很快沉迷于交易中。没想到我最终会变成一个职业操盘手。我非常享受市场交易。

爱好变成了职业

从军队退役后,我回到美国的俄克拉荷马市定居,并进入法学院进修。那时我并不想将交易作为我的人生职业;事实上,我从来没有考虑过这样做。我想要成为一名律师。我进入法学院进修的同时也在一个小交易所里从事投资。我把交易当做爱好,希望可以赚点外快。很快我与经纪人亨利(Henry)建立了友谊,他向我推荐购买石油公司的股票期权。那时,石油是俄克拉荷马市的支柱产业。亨利教给我股票期权的交易策略。这是非常简单的三步走计划,他称为"大傻瓜理论"。理论的关键是:股票价格较高时购买股票,就会有人(另一个更大的傻瓜)从你这里以更高的价格购买。

这便是理论的运作方式。某一天股票价格上升,我们于第二天购买该股票,然后在第三天卖出去。我开始定期观察市场。就像策略所述,如果石油股票价格上升,我第二天购买,然后第三天卖出去。不管你相信与否,我多次获得成功。俄克拉荷马市蒸蒸日上,石油价格也日益上升。"大傻瓜理论"对我非常有用,我的账户不断增长。随着利润的不断上升,我似乎掌握了股票期权的诀窍。但我不知道长期在看多市场中交易股票期权就像玩彩票一样充满风险。

一天，我惊喜地收到了当地证券经纪公司的邀请函，并见到了证券经纪公司老板。从我进门到离开证券经纪公司，我就像享受皇室待遇一般。很快我明白了这是因为证券经纪公司经理看到了我多次成功的期权交易。证券经纪公司的每个人对我的成功期权交易都很震惊，并且他们提供给我一个职位。那时我仍要进入法学院按计划完成我的学习。我不想成为经纪人或从事金融领域。我的目标是成为一名律师。我向他们说明了我的想法。但是证券经纪公司给了我实现两个目标的机会：接受其提供的职位，晚上去法学院学习。就这样我成了俄克拉荷马市证券经纪公司的经纪人，而我的学习也不会受到影响。这个职位对我来说是无法拒绝的。我接受了该职位。从那天之后，我的生活与以往不同。我逐渐成了交易者。我开始自学股票市场。我想了解所有华尔街的秘密。

很快我去纽约接受了培训；之后不久我获得了经纪业务许可证，我回到了磨炼我技能的俄克拉荷马市。我做得很好，美林客户和管理团队对我充满了信心。我致力于管理客户的投资组合，以获得盈利，并帮助客户进行金融财富管理。我喜欢这一行，并且我看到了成功的希望，进而实现了我的个人目标。对我来说，交易既是兴趣所在也是职业。我喜欢交易。

1982 年，标准普尔股指期货上市交易。对我来说，这一天是一个分水岭。在第一天我做出了职业生涯中最好的也是最糟糕的单笔交易。我在标准普尔股指上市时以大约每只 118.70 美元的价格买入。如今标准普尔股指交易额为 1220.00 美元每只，因此这笔交易如今价值 275000.00 美元！那只是一笔合约！这是有史以来我进行得最好的交易。但是我卖掉了标准普尔股指期货，那是我有史以来最糟糕的交易，因为如果我一直持有该股票，那么我的投资将给我带来难以想象的利润。

因此从那时起，我开始从事期货指数交易。学习期货之后，我考取了期货交易许可证。很快我爱上了这个新兴市场。作为一个新手，我密切关注单向交易策略的局限性。那就是如果你买入股票，只有股票价格上升你才能盈利。但是股票会走向两个端点，即：会上升也会下降。因此我曾经学到的策略是错误的。我想我需要一个既能在牛市中起作用也能在熊市中起作用的策略。期货便可以提供我所需要的弹性和转动性。通常能够很好地应对牛市的交易者并不能从熊市上获益。但期货并不是如此受限。与在价格上涨的证券交易市场中的收益相比，一个好的期货交易员可以在下跌趋势的证券交易市场中（可能更严重）获得更高的收益。交易机会是双向的。关键是正确读懂市场，并且紧随市场趋势。那就需要依靠经验和教育。

经过四年的艰苦工作，我获得了回报。很快我接受了另一个证券经纪公司的副总裁一职。我成了该证券经纪公司甚至是该州中最大的交易者。

期权深深地吸引了我。你可能会说我从来没有碰到不卖的期权。1987年经济萧条之前，我帮助一个最大的客户在期权市场中赚取了超过一百万美元的利润。那可是一个月内赚取一百万美元的利润！我成了美国最大的零售期权交易员之一。我觉得我是幸运儿。如履薄冰似乎也并不是那么难。然后1987年10月19日，我脚下的大厦轰然倒塌。

我的错误

在黑色星期一那天我损失了很多钱。让我来告诉你发生了什么。10月15日星期四，我持有两笔走势相反的股票合约。我买入1000手标准普尔100看跌期权，同时我卖出1000手标准普尔100看跌期权，因此我的空头头寸被我的多头头寸所抵消，反之亦然。这不会有什么问题，因为相抵持仓正好可以应对金融危机。不论市场走势如何，我都不会遭受损失。

16日，星期五，也就是经济危机之前，我的问题浮出水面：我的多头头寸到期，但是空头头寸却还有一个月才到期；我持有的是裸期权。换句话说，我销售了1000手并不拥有的期权。我向购买者保证如果达到履约价，我将递交期权。在黑色星期一那天达到了履约价，我不得不补仓。由于我没有期权，我必须以事先调整的较高的市场价格购买期权，尽管此时市场气势汹汹地不断下跌。

如果我能持有一周以上买入的看跌期权，我将赚取几百万美元。但是市场不等我。我推迟一天，1000股看跌期权就会卖出。在黑色星期一，市场大幅下降，我唯一可做的就是握紧双手，默默承受。那天我感觉自己像被随意丢进了垃圾桶内。我再也不想尝试那天的痛苦了。

动后余波

我希望我可以说10月20日星期二我过得非常好，但是事实并不是如此。我照常进入办公室，但里面的气氛却与往日不同。办公室内人心惶惶，甚至整个金融领域内都充满了惊恐。客户想要确认事情并不是那么糟糕，但我们却无法提供那样的保证。没有人知道今天、明天或者下周将会发生什么事情。每个人都不断地问：我们到底损失了多少钱？我们能偿付吗？市场仍会持续下跌吗？国家是不是要再一次经历1929年的萧条？

一些分析者对比了1987年的黑色星期一和1929年的黑色星期一。1929年的经济危机引起了大萧条吗？世界将要经历经济萧条年吗？这些问题的答案取决于你在读谁的文章。一些作者预测这是最糟糕的一次金融危机，而另一些却将此次危机看作是一次市场盘整。无论如何，强烈的恐惧感笼罩着整个金融行业。一时间悲观和恐惧席卷全国甚至全世界。

当时的电脑系统也没有当今的精密。庞大的信息迅速涌向这些所谓的"科技巨人"，以至于他们无法维护和更新数据。黑色星期一那天，超过60亿市值的股票只能进行人工交易。这有多糟糕呢？似乎没人明白。华尔街的公司非常担忧他们在危机中受到严重爆仓。我们就像身处沙漠之中，不知道要做什么或者怎样做。我记得我售出了一些国际商业机器公司的股票，但不记得以什么价格售出。

市场关闭了数天以便进行状况评估和结算。计算出的实际损失真的是惨不忍睹。那些称1987年为市场盘整的人简直让我发笑。因为很快我明白了这种说法缺乏可信度。黑色星期一并不是市场盘整，这是一场灾难。在1987年10月19日星期一，华尔街经历了有史以来最严重的单日跌幅。相比之下，1929年黑色星期一是不值一提的。1929年损失仅为12%多点，但在1987年损失高达22%以上，损失接近两倍之多。市场盘整？我并不这样认为。我像成千上万的人一样变得一无所有。我不得不重新开始。

我蒙受的经济损失也是空前的。但是不管你相信与否，这并不是我最大的麻烦。我最大的麻烦是丧失了自信。我开始怀疑自己的交易经验和能力。我为什么没有预测到发生的一切？我怎么能让这些事情发生在我身上？发生在我家人、客户和自己身上的损失是不是应该怪我？如果当初不那么做会怎样？我现在应该怎么做，我可以怎么做？

在接下来的几周，甚至几个月内，我不断进行反省。我开始质疑金融机构的基础和基本原理，多年来这些基础和基本原理一直是我的生活根基。并且我质疑是否我愚蠢地选择了这个职业，让我多年来的工作和辛劳一夜之间化为乌有。

生存和坚持

当我回想自己曾经遇到的困境时，我想到了在高中参加足球队中遇到的困扰。我的敌人是一个残忍之徒，名叫丹尼（Danny）。在每次训练时，我都要面对丹尼。每当我们碰撞在一起时，我的骨头咯咯作响，我的脑髓都被震动了。他肯定在180千克以上，并且他像花岗岩一样坚硬。那时我是高一新生，非常希望加入团队，而丹尼却是全州的前锋，他的目标就是要从我脸上剥皮，每次一层。每天丹尼都将我残忍地固定起来——这展示其高超的烤架技能。当我看到"那堵山"向我走来时，我只有一个想法：生存。我找到支撑以避免撞击。在活下来之后，我又有另一个想法：逃走。退出足球队，忘掉踢足球。这太难了，我不想经历这种激战，丹尼太残暴了。

我试着说服父亲替我考虑一下。我告诉他我应该退出足球队。我向他解释有多困难。我告诉他这个家伙是多么庞大，并且被他天天折磨是多么羞耻的事情。我发誓好好学习，努力工作，并且更好地做人。但是父亲不这么认为："做任何事情都不能半途而废。你想加入足球队，你是奔着这个目标去的,那么你就要完成这个目标。你不能成为一个懦夫。"因此我每天都要面对"那堵山"。

当选拔赛结束时,我比任何人都惊奇,因为我成功加入了足球队。我不是全能,而且我是一个替补队员,但是我进入了足球队。坚持就会胜利,穿上队服的那一刻我感到非常自豪。

1987年10月20日,以及以后的无数个日子,我感觉就像再一次成为那个年轻的高中新生,被那个像山一般的前锋折磨。我感觉快要窒息了。为了生存,我不得不奋起反击。我想退出交易,但是我需要钱。我是1987年金融危机的受害者,这就是我的自我定位。市场伤害了我,它以如此反常的、令人费解的方式残忍地伤害了我。这是我私下的想法。理性来讲,我知道这是不对的,但我想要归责于某人或某事。我自怨自艾,并且深陷自责之中。

另外,我与上司也有许多矛盾。他们只关注客户的数量,而我将客户视为朋友。办公室内的氛围变得非常不愉快和紧张。我不得不换工作。因此我决定辞职,去其他地方上任,但是去哪里呢?我不得不找新工作来供养家庭。但是我该找什么类型的工作呢?我应该留在金融领域,还是从事法律,或经商,或从事其他职业呢?有一件事是确定的,那就是我要谋生。我的生活被颠覆了,我似乎没有了中心或方向。很难形容我当时的绝望。

我没有募集资金。我父亲是一名公务员,他收入微薄却尽力援助我,但这只是绵薄之力。父亲是出了名的节俭,通常将一分钱掰成两半来花。在我成长过程中,如果没必要,我从来不会开灯。如果开灯了,离开房间时一定记得关掉。浪费可耻,我不会浪费食物、衣服、实用品、天然气、金钱等等。西尔氏或杰西,便宜是最好的购物场所,外出就餐或者度假简直是一种奢侈。父亲尽力节俭,他从每次的薪水中节省一点。他通常会管理自己的财务,以便应对日后发生的不测。现在看来他比我更会管理经济。我对金融风暴毫无准备,所以才备受打击。我深刻地感觉到我就是一个笨蛋,我一遍一遍地问自己:"为什么这些事情会发生在我身上?"

第1章 严酷的考验：黑色星期一

我习惯了享受生活。我会购买想要的一切，至少大部分时间是这样的。我的家人住在一所漂亮的房子里，我们开着新车，我的孩子们去私人学校上学。我妻子戴着珠宝、穿着皮草和其他奢侈衣服。然而，一夜之间我们不得不放弃所享受的却还不满足的奢侈生活。我在心理上是很难接受这一现实的。

你曾经很有钱，一旦失去就会倍感难受。不仅仅是放弃大房子和其他此类东西。我也没有娇气到不能开旧型号的汽车。但是心理上失败的阴影是很难承受的。我感觉自己像世界上最大的傻瓜。我花时间和金钱学习，获得了法学学位、商业学位，在军队里接受了训练以及学习资金管理，但是我却处于人生中最糟糕的竞技状态。我怎么能让这一切发生呢？我不断地问自己。我的自信心消失殆尽。

就像在足球场地上我不得不面对庞大的前锋时，首先映入脑海的是生存。我兑换了所有可兑换的东西。房子、车子、投资组合——几乎任何可卖的东西都被卖掉了。但是我还是没有足够的钱。我开始欠债，并且严重依赖信用卡。看起来似乎努力工作就没事了，但这却增加了我的压力。当你知道前途暗淡却还要假装一切很好，这是很耗费精力的。在物质上我可能已经破产了，但我从来不宣布破产。宣布破产是很简单的，但这并不是我的选择。我从来没有考虑破产。我仍然在挣扎，希望找到一条解救自己的出路。我不是胆小鬼。

我总是一个乐观者，对生活和成就感到高兴。我相信好人好运，我的未来将会越来越好。可是现在我确实是一个十足的悲观主义者。我做出最坏的打算，也达到了最坏的程度。

俄克拉荷马市经历了宾夕法尼亚广场银行危机和油价暴跌之后，如今这座城市机会很少。我决定离开这里去南部地区。我回到了我的家乡亚拉巴马州墨比尔。我进入赫顿公司上班，工资足够让我站稳脚跟。最终这笔工资收入通过投资一个协会推荐的公司而一去不复返。我的无知又一次让我付出了代价。我没有做出足够的分析，我把所有的鸡蛋放在了同一个篮子里。

这段时间里经纪界内整合和兼并是非常常见的。不幸的是，赫顿很快就被兼并了。待在赫顿衣食无忧的这个特别的机会也消失了，我基本上回到了寻找任何可行机会来赚取区区几块钱的状态。白天我继续交易标准普尔股指期货。我进行小量交易，通常赔钱比赚钱的时候要多。我的人生如此的黑暗凄凉，我内心感觉交易会失败，而它确实失败了。当我回首时，我发现是我的态度决定了我的失败。我尝试着去改善。我学习技术分析，以及各种制图技术、波浪理论和模型。我阅读每一本可以找到的交易书籍。我拼命地想在市场中赚钱，因为我知道有数以百万可以赚取，但是上帝却并不眷顾我。从1987年到1992年，我努力工作却收获甚微。如今回想起来，我觉得不应该去努力工作，而应该去聪明地工作。

我继续寻找其他金融机会。晚上我和一些人一块为美国土著居民部落管理资金。我们获得了一些小成功，但是这并不是我想要的结果。我们集资在密西西比州比洛克西开了一个娱乐场。但这也不是灵丹妙药。我生命的每一天都是为生活而奔波。我把这些年称为我的黑暗之年。

交易是一场心理游戏。如果你压力太大，或者你太恐惧悲观，你不会成功。在一次次失败后，我每天都会这样告诫自己。每次交易失败，我都会考虑退出，但每次我都会想起父亲告诫我要坚持到底，"如果不能完成一件事，就不要开始"。

每天我反复告诫自己我不是胆小鬼。事情会好转的。我只是不知道怎样好转以及什么时候好转罢了。交易就是一场旅行：边走边学，而我正在学习。

蜕变的开始

有时你会经历一些对你影响深远的事件。你不能解释为什么对你影响深远，但它的影响确实存在。也可能有对你没有任何影响的经历，但由于某些原因，这次经历却是与众不同的。这次经历以独特的戏剧性的方式给你带来了深远影响。

如果你曾经戒烟或者减肥，那么你可能会知道我的意思。你能清楚地意识到你很胖。你也清楚地知道你需要减肥，因为那些赘肉会影响你的健康。你甚至知道如何减掉这些赘肉，保持适当营养并且熟记多种饮食，但是你仍然不能减肥或坚持节食。事实上，每次你试着减少标尺上的数字时，你有可能会变得更胖，因为你没有彻底认同改变的必要性和方式。

然后有一天你听到或看到一些以前听到或看到无数遍的事情。但因为某些不清楚的原因，你终于彻悟这件事。你开始均衡饮食，健康生活，并且减肥。在那一天你为这一信息做好了准备，你重视它并开始改变自己。

1992年，我经历了一次重要的生命转折。我没有减掉几千克，但我减掉了5年的痛苦。

布道

我和妻子宝拉，以及我们的两个儿子像往常一样进行礼拜。乔治·西森（George Mathison）是一个卫理公会小型教堂的牧师，但其说教技能却不可小觑。他深谙经典，并非常会说教，也很平易近人。当他说教时，你感觉他就像与你单独交流。乔治的说教真的很不错。

在这一天，我准备进行礼拜，像往常一样唱了几首著名的赞美诗，聆听了一些励志之语，然后离开去迎接艰难的一周。事情按计划展开，美妙的音乐响起后乔治开始说教。但是，当我听到他的声音时，事情迅速改变了。此次说教简直是太棒了，可谓是为我量身定做。乔治开始讲原谅和让上帝分担生命的重担。他讲到原谅你自己，让比你强壮的人承担你的重担。我受到了鼓舞。我可以让上帝分担我的重担，让上帝帮助我获得自由吗？

这个重担很长时间以来一直压着我，是如此重。自1987年以来我从来没有审视过自己的错误。我背负着对那次经历的悔恨，就像重金属焊接到我的身体里一般。我每天步履蹒跚，因为我的负担如此之重。我能不能放下这个负担呢？我能原谅自己获得自由吗？我听得更加专注了。

乔治正在敦促我原谅自己的罪过和过错。"如果上帝可以原谅你，那么你当然可以原谅你自己。"我如此渴望这个消息。我不想继续叫自己笨蛋，我想继续前行。我尝试过，但我做不到。现在我看到了一丝希望。我坐在长凳上，身体前倾，不想错过他说的任何一句话。

我不记得他具体说了什么，但我清晰地记得这些话的意思，或者至少我吸取了其中的精髓：生活中会出现各种难以解决的问题，我们想独立地、迅速地解决这些问题，但是我们做不到。没有人可以在没有帮助的情况下解决生活中所有问题。有时我们的负担很重，但如果我们向上帝求助，那么上帝将帮助我们解决困难。我们可以让上帝承担负担，从悔恨和痛苦中解放自己。

1987年我没有犯过罪，但我犯过错误。我想聆听更多说教。乔治继续说道：首先，把过去的负担留给上帝。然后，从今天起一次解决生命中的一个问题。人可以做的就是尽力做到最好。没有人可以一步登上山顶，或者划着小舟穿过海洋。没有人可以一下子解决人生所有问题——你也是。让上帝原谅你的缺点，并且你也要原谅你自己。然后把握生命的每一天，尽力做到最好。不管你有没有做好，只要尽力就好。解决你能解决的问题，处理你能处理的局面。那就是你能做的。

这个建议看似很简单，但在我看来却并不那么简单。我知道我需要解放自己，一次解决一个问题，过好每一天，一次处理一笔交易。最终我做到了。我放下了负担。我把负担留给上帝，我感觉到了阔别已久的自由。

然后乔治在说教的结尾给出一个建议：每天结束时，在你尽最大努力后进行自我重启，像录音机一样回放你的一天。想象你的头脑中有一个重启按钮，在一天结束后，按下重启按钮。一天结束了，你不能改变过去的一天。尽你所能地从每一件事情中看到乐观的一面，然后继续前进。以全新的面貌迎接新的一天，并且立志在新的一天中尽力做到最好。

我确信我将会身体力行。这次说教是很有说服力的，因为它改变了我。它改变了我过往的行事方式。我的做事方式开始与以往不同。就像宝拉所说，就连我的走路方式也不一样了。我站得更加笔直，走路更加轻盈。我放下了负担，我不再独自背负着它。不管你相信与否，当我离开教堂时，我看到了一个全新的世界。我不再担忧过去的错误，我开始关注现在，将每一天作为全新的开始，尽最大努力过好它。

走到外边，我突然发现这春日是多么美丽呀。天空湛蓝，草地碧绿。春天就在脚下，杜鹃花、水仙花、郁金香遍地开放。骑车回家也是一件美好的事情。我听到了鸟儿的歌唱，我感觉无比轻松。

我将乔治的说教运用到生活的各个领域。我的交易方式也发生了戏剧性的改变。我开始以不同的角度关注市场，卸下过去的负担，我不再以过去的角度审视市场，并且开始聆听市场的诉求。我不再是悲观主义者，我再一次变得乐观起来。

在每一个交易日结束之时，我开始分析我的交易，并试图从中获取经验。如果部分或全部交易是失败的，那么我就会认真研究并思考为什么我会进行这些交易。我努力发现哪些线索可以告诉我违背了市场趋势，并且反思为什么我会误读这些线索。对待成功的交易，我也会认真思考，我怎样能赚取更多的钱？我怎样能做得更好？然后我问了自己一个大问题，不管我成功还是失败，我是否尽了作为人或交易员能尽的最大努力？我努力让每个答案都是"是"。我避免在生活或交易中犯错。我总是尽自己最大的努力，用最好的分析来交易。如果我犯了错误，我会放下它，我按下脑袋中的重启按钮，然后让一天过去。

每个交易日我都会重新开始，并且在脑海中设立目标：今天我要尽可能成为最好的交易员和最好的人。我会犯错误。我们都会，但我不会担忧昨天。我从错误中吸取教训，昨天已经过去了，今天是一个挑战。我的目标就是成为今天最好的交易员。

首先控制风险，其次关注利润

黑色星期一给予我狠狠一击，但我却恢复过来了。这次失败带给我心理上的痛苦远远大于高中时全州前锋所带来的痛苦。但我没有退出，我坚持下来了，并且我的毅力得到了回报。很多年来，只要一想到10月19日，我就会感到不舒服。但我却不知道20多年后，我会将这看作是发生在我身上的最好的事情。

我开始关注控制风险，将利润变为次要的。正如每一个交易员或投资者所熟知的，哪里有回报，哪里就会有风险。我最喜欢的交易工具之一是期权，然而许多分析家认为期权本身具有一定的风险性。对无知的交易者来说，这是对的。期权是一个周转灵活的交易工具，它可以让有经验的交易者赚取丰厚收益，让缺乏经验的交易者一败涂地。因此，我必须具有一定的应对风险的策略来交易期权。下一章将具体讨论我的方法，这些方法来自我的痛苦经历。最重要的是黑色星期一之后，风险管理成为我最重要的交易因素。

在我最黑暗的日子里，我发明了一个交易方法，扩大潜在收益的同时，降低我的风险并保护资本。我是真正的日交易者。我入市，赚取收益或遭受损失，然后出市。我很少长期持有大量股票，也从不持有长期期货合约，并且如果我不能监测投资，我从不会将其留在市场中。

交易中没有眼泪。我要为自己在市场中的行为负全部责任。我从不将我的过错归责于其他人。我做出交易决定，同时接受交易结果。大部分时间里，我对我的交易结果很满意。

在本书中，我分享了一些我的技巧。我解释使用全球交易方法的重要性，我认同并解释我的监控指标。我解释如何控制风险，以及如何扩大收益。我也详细叙述了电子交易所需设备和起始步骤。

交易是一个非常有风险的行业。在你冒险投资第一美元时，首先确保你可以承受后果，不要冒险投资你不能承受的资本。许多课程和项目教你如何交易。1996年，在我一个老朋友和客户的鼓励下，我在亚拉巴马州墨比尔市设立了交易学校——日内交易研究所（DTI），我致力于教授交易这门艺术。如果一个工作日结束时，我使他人免受我所遭受的失败，并且在市场上交易成功，那么我觉得这就是成功的一天。

要知道我的方法并不是唯一可行的方法。其他方法也可能对你有用。关键是要掌握一个在市场上屡试不爽的策略，并且学会如何运用这个策略。这本书并不能代替适当的教育和培训。这本书对我使用和教授的方法做了简单的介绍。但需要学习的还很多。成功的交易员需要不断学习，并适应不断变化的市场条件。如果你是一个系统交易者,我要告诉你世界上没有圣诞老人。市场不断改变,唯一不变的是人和人的本性。

如果你是新手,那么慢慢来吧。事实上,在你明确知悉风险,并且有足够的财力承受交易后果之前,不要盲目开始交易。我希望我的方法可以帮助你。交易是不容易的,但是知识丰富的交易者可以获得成功。做一个成功的交易者吧!

经验总结

☆坚持不懈,学习如何玩这个游戏。

☆不要为昨天忧虑,关注今天。

☆学习。无知者必将失败。

☆风险管理最重要。不能承担风险的资金,不要用来投资。

☆从每次交易中吸取经验。不断分析评价自己,认真对待当前的交易。

第 2 章　时间是关键

我对钓鱼不太在行，但我奶奶却非常喜欢垂钓。在我的记忆中她总是坐在亚拉巴马州塔斯卡卢萨郊区的一条小溪旁，格子裙没过膝盖，头戴破旧的草帽来遮挡强烈的阳光。她静静地坐在那里，就像一个真正的垂钓者一般专心致志，腿上放着长长的手杖，目不转睛地注视着水面，静静地等待着。就这样她一动不动地坐在那里数个小时，终于水面上的软木塞轻轻晃动了，这也就意味着她钓到鱼了。晚饭时，一天的等待终于换来了回报，满满一大盘炸鱼放在桌子中间，热乎乎的，香喷喷的，还有一些家常玉米面包和新鲜蔬菜。

交易就像钓鱼，也是一个等待游戏。华尔街的交易大亨杰西·利弗莫尔（Jesse Livermore）曾经写道："不是思考获得收益，而是静坐和等待获得收益。"利弗莫尔的传记作者理查德·史密登（Richard Smitten）表示，利弗莫尔明白时间的重要性。他研究市场，目的是发现购买或销售的合适时机。他并不是随意进行任何交易，而是密切关注并耐心等待。他知道他的谨慎让他错过一些赚钱的机会，但他并不介意，因为他明白市场会提供很多一展身手的机会。利弗莫尔相信时间就是一切，入市太早或太迟，你都会赔钱。入市有一个理想的时机，在你看到这个理想时机之前，你应该耐心等待。利弗莫尔特别擅长抓住这个理想时机，他的敏锐让他赢得了"华尔街大熊"的称号［见杰西·利弗莫尔著的《大作手操盘术》（How to Trade In Stocks），以及理查德·史密登改编的相应材料。也见理查德·斯米顿著的《杰西·利弗莫尔疯狂的一生》（The Amazing Life of Jesse Livermore）］。

交易是令人兴奋的，也是十分有趣的。有时我们要告诉自己我们不是在交易，而是在享受交易的乐趣。我们进行交易是为了获取收益，而不是为了锻炼身体。我为了锻炼身体可以去打高尔夫，我进行交易是为了谋生。就像我奶奶一样，她想让鱼上钩，如果鱼没有上钩，她会坐下来仔细观察并且提前做好准备。我知道市场将提供许多赚钱机会，我只需从中找出这些机会。

市场就像钓鱼，耐心才会有回报

我最好的朋友，也是我的客户之一鲍比·金·史密斯博士（Dr. Bobby Gene Smith）让我明白了很多关于生活和交易的道理。20世纪80年代早期，史密斯博士和我买了预付费法律服务公司（PPD）的股票。我们以每股一美元的价格购买，之后股票价格越来越高。在许多场合我见到史密斯博士，我们都会讨论预付费法律服务公司的股票，以及我们接下来该怎么做。我坚持卖掉股票，而他却坚持继续持有这些股票。当我们的利润翻了一倍后，我真的想卖掉股票，并且我也劝说他这么做，但是他却不这么认为。他不急着取得利润。"耐心一点，汤姆。耐心等待一段时间。"这就是他的答复。

最终股票价格达到了每股20美元。然后，史密斯博士才同意出手了。他的耐心让我们都获益颇丰，耐心得到了回报。史密斯博士正确地把握了理想时机出清了我们手中的股票。

认真选择交易机会

成功的交易者如何知道何时进行交易呢？当然有很多不同的方法和策略。对我来说，我会自问一个关键问题：我应该买入、卖出还是退出市场呢？经验告诉我如果我正确回答了这个问题，那么我会赚钱。如果我的答案是错误，那么我就会赔钱。这是很简单，却也很复杂的。如果我不能确定答案，或者如果我认为应该退出市场，那么我应该空仓等待。我应冷眼旁观，留意并收集数据，寻找有利于我成功的机会。

正如经验丰富的交易者所知悉的，准确回答这个重要问题是很关键的。金融市场不断变化，这一分钟价格上升，下一分钟价格就会下降。有些日子更加糟糕。以 2005 年 6 月 17 日为例，这一天是期权的最后交易日，市场却比平时更难预测。上半天我赚了钱，下午市场开始下跌，幸好那时我并未入市。如果我一天都进行交易的话，我很可能遭受损失。认真打好交易仗，从而避免不必要的损失。

因为市场不断变化，每个交易者要想获得成功，必须制定一个行之有效的策略。如果没有行之有效的策略，那么你将不可避免地经历市场的每一次波动。我明白这一道理是因为我曾经经历过。

不管你相信与否，我记得有一天从开盘到收盘铃响起，我都一直在交易。当我统计交易时，我发现我进行了约 3000 次交易。那时该行业并不像今天这样计算机化，所有订单都要去柜台办理，所以一天内进行如此多的交易并不是一件容易的事。但是无论如何我都不停地交易，在一天结束后，我自我感觉做得非常好。因为我盈利的次数比损失的次数多，因此我期待能从账户中体现出来。我焦急地等待着我的利润总计。但是令我吃惊的是，当我收到详单时，我的账户是亏损状态，因为我忘记计算佣金和其他与大量交易相关的费用。那几天，我收到了关于每笔交易的确认表。这些确认表差不多有一英尺高，我努力工作了一整天就是为了赔钱。永远不要忘了你交易的目的，你交易是为了赚钱！

我的一个朋友，也是一个专业交易者，曾经建议我减少交易次数，以防犯错。听起来很简单，但限制交易次数，你正确的交易次数也会相应减少。我的规则是 24 小时内最多不能进行 6 次以上的交易。过度交易是典型的不盈利交易。因为你交易的多并不意味着你赚的钱多。

那么你如何知道应该买入、卖出还是退出市场呢？

多年来我找到了一个防止过度交易的策略，并且这一策略可以帮助我紧随市场趋势。我的策略包含三个基础因素：时间、关键数字以及市场指数。我也使用多组合方法，在一部分投资持有量紧随市场日趋势的同时提前获利了结另一部分头寸。在本章中，我将解释我如何运用时间以及我的时间策略帮我赚钱。下一章我将讲述其他交易方法，并且分享一些交易生涯中所获得的市场观察力。

某些市场走势与一天中的时间有关

1992年，我以一个新的视角观察市场，因此我发现了一些以前没有看到的东西。我再一次对生命和华尔街都充满了信心。我决定重新学习并理解金融世界。我更近地观察期货市场，试图发现期货市场中不变的东西。我就像科学家进行试验一样。我想要一个控制器，这个控制器可以让我免于在市场上奔波，并可以通过控制器研究其他因素和变量。更重要的是，我相信我可以找到赚钱的交易策略；世界不再是一个敌对的地方。

我日复一日不断地观察市场。乍一看，似乎所有的事情都在不断改变。但我要找到一些不变的事情，不管是从周一到周一，还是从1月到12月都是不变的。一旦我发现不变的事情，我将开始围绕它形成策略。最后我发现不变的就是时间。

简单来说，人就是一种惯性生物。人们运行市场，每一个工作日我们都遵循相同的基本时间模式。我们大部分人一早起床，然后在8点左右上班，我们工作数小时后吃午饭，然后继续回到办公室度过这一天。交易者和我们都遵循相同的时间模式。大约8点左右，他们开始观察市场。市场开放后，他们会在里面度过一整天。他们在买和卖之间摆弄着日股票持有量。市场成交量可以反映出见顶利率。几个小时的时间，市场就会变得非常活跃，变得具有流动性和波动性。

在工作几个小时后，交易者就像大多数人一样会饥饿；他们想休息一下，吃个午饭。大约在上午10点半左右（全书所指时间皆为美国中部时间），成交量开始下降，因为经纪人和交易者开始准备吃午饭。中午时分，在华尔街甚至在整个美国，交易者都坐在餐馆或办公室的桌边享受午餐。此时他们没有下订单，随后交易量下降，反映出损失的利率。

中午休息过后，人们开始工作，市场又开始活跃起来。交易量上升并且更多的交易将会发生。在下午 3 点左右债券关闭，在一段时间内一切安静下来。最后，在一天交易结束之际，又有一段活跃时间，因为许多交易者结算其股票持有量，或许他们明白没有跟随正确的市场趋势，不得不结束失败的交易，或者有时他们不想整夜留在市场中。不管怎样，在快要闭市时，市场又出现了另一个买卖高潮。

将交易与大部分交易者的时间模式联系起来，那么你就把握了交易最重要的因素之一。这听起来很简单，但是却很重要。选择一个市场，并观察几天，注意它在一天中或一周中什么时间波动以及怎样波动，你就会和我一样发现某些长期和短期的市场趋势。这些趋势都与时间有关。这让我明白时间是交易最重要的因素之一。

我以多种方式运用时间，下文中将解释如何运用以及为什么运用时间。

活跃时间段是最佳交易时间

通过交易赚钱，最重要的是市场的流动性和波动性。流动性很重要，因为你需要根据它来入市和出市。没有流动性，你持股票交易量的时间可能比你想象中要长。如果这样的话，你的资产将会被套进去，从而不能将资产用于更盈利的机会中。因此资产流动性是非常重要的，特别是对日交易者来说，因为日交易者必须能够迅速入市和出市。

波动性也是非常重要的。如果资产不上升或下降的话，那么买（或卖）股票、期货合约或其他资产有什么好处呢？一旦你进行交易，市场只有向有利于你的方向波动才可以赚取利润。不要忘记赚钱才是这个游戏的目的。

我记得忽略流动性和波动性而让我痛苦的那个晚上。那时正好是感恩节假期，我非常无聊。你应该知道我喜欢交易，我喜欢这个游戏。我的无聊让我进入了夜市。虽然这不是一件聪明的事情，但我却做了。

一些人可能错误地认为市场在所有假日、夜晚和周末都关闭。事实并不是这样的。高科技让交易者有机会可以进行 24 小时交易——即使是在许多假日。

因此当很多人在吃火鸡时，我正在交易。事实上当时我的股票持有量非常大。市场极其安静，无聊让我深陷这不景气的市场中。深夜我想上床休息，但是我的股票持有量非常大，以至于我不能睡觉。我不得不一直关注市场，我一直交易了12个小时，因为我忽略了我的时间规则。

你肯定不想和我一样深陷市场哪儿也去不了。活跃的市场提供了成功交易者所需的赚钱机会。这便是时间对于赚钱的重要性。

上午的活跃期可以创造理想的交易条件

我在早上进行很多交易，并且我通常交易标准普尔期货500指数，因此那是我盈利最多的交易时间。以公开喊价的方式交易标准普尔期货在中部时间每个早上8点半进行（请注意我住在亚拉巴马州墨比尔，本书中所说时间都是中部时间，除非另外说明）。最初，市场是高度波动的。在前5分钟到10分钟，市场有一次波动。仔细观察并且耐心等待，不要在开市时就急着投入标准普尔股或其他市场，因为你不清楚它的动向。在市场稳定下来前做一个旁观者，你将会察觉到它的目标动向。有时给期货市场30分钟的稳定时间可能是一个不错的主意。有一种说法就是业余者开市，而专业者闭市。不要做一个业余者，贸然进行风险投资。

通常市场稳定后是一个很好的交易时间。我喜欢在9点和10点15分之间进行交易。一般情况下在前两个小时内，我就能进行交易，获得一些利润并紧随日交易趋势。我解释了我的方法，以及之后如何做到搭便车获利。现在在确定风险以达到收支均衡的同时，只需想象一下控制大量股权的机会。

早上之后，交易量下降，交易变得非常慢。虽然并不总是这样，但大部分时间是这样的。在大约上午10点15分，我离开电脑，做些其他的事情。如果你一整天都坐在电脑前，除非有很强的自控能力，否则你可能会过度交易，你的收益率将会受损。在这期间我通常不下新单。因为这段时间大部分交易行情都波动缓慢，交易对于我的方法来说风险更大。我知道会有更安全的时间，所以我会等待这一时间。

如果我从上午的早些时候开始交易，那么我会确保有一个保护性止损点，然后随它去。如果市场有反转的迹象，我可能全部出手投资持有量，以保证取得利润。但是我很少在上午 10 点 15 分到 12 点 30 分之间下新单，这阶段风险会加倍，因为交易量减少的同时，可预测性就会变小。还会有更好的机会。市场充满了机会，我只需等待机会。

有时我的小心谨慎会让我损失许多好的交易机会，但是那又怎样呢？我不需要参与每笔交易。如果大部分交易者都能成功，而我可以进行良好的资金管理，那么这就足够了。

下午有额外的交易机会

午饭后，我开始重新关注市场。下午 12 点 30 分是非常重要的交易时间。这一时间非常关键，因为午饭后市场将会重新启动，要么与早上的趋势相反，要么加速早上的趋势。下午 12 点 30 分是非常重要的，我会记录下来并将其作为以后 12 小时的主要节点。如果市场交易高于 12 点 30 分的价格，这标志着有看涨行情；如果低于 12 点 30 分的价格，那么会出现看跌行情。当然下午 12 点 30 分只是众多要素中的一个，但这是一个非常重要的节点，需要认真观察。

我的基本规律之一就是我从来不在下午 12 点 30 分和 1 点之间卖空。通常这段时间市场会下跌，但这一波动不会持续很长时间。虽然在通常这段时间内我非常想卖空，甚至有时我无法抗拒，但我会紧紧握住。如果我想卖空，我会等到下午 1 点以后。如果我准备在 12 点 30 分进行，我会确保选择合适的时机，并关注交易是否持续到下午 1 点。但是我不会在下午 12 点 30 分到 1 点之间从市场看空的一边购买新股。市场给了我这个教训，并强迫我遵循。

如果你在下午交易，那么你应关注一个对大部分交易者是非常危险的时间点。通常在下午 1 点 30 分到 2 点之间会出现一个反趋势。有时这个趋势会相当戏剧性的，市场变得极其波动，并且难以预测。在日内交易研究所中，我们通常称这段时间为"死亡之神"，因为许多交易者的交易生涯在此时走向灭亡。通常在这段时间我不进行交易，因为这种痛苦是不值得的。

尾盘时的最后波动

交易日中的第三次也是最后一次交易时机出现在快要闭市时，这段时间我通常会进行交易。标准普尔股指期货在下午 3 点 15 分关闭。在市场将要关闭时，日交易趋势可能会反转。如果一天中市场基本是下跌的，那么此时市场可能会上升。或者如果这一天市场基本是上升的，那么市场可能会出现较低的价格，并让那些长线交易者蒙受损失。这次交易时间非常宝贵，因为许多交易者不得不在闭市前清算其投资持有量。如果你学习了解这些，那么你可以利用这一规律。这都归结于主要数字、时间，以及标志性指标——买入、卖出或退出市场！

交易区（Trade Zones）

为了简化我的交易，通常我在交易日中的某些时段寻找交易机会。我将这些时间段统称为交易区。根据前面解释的大多数交易者的交易模式，我通常在以下时间进行大部分交易：

交易区一：上午 9:00—上午 10:15
交易区二：下午 12:30—下午 1:15
交易区三：下午 2:15—下午 2:45

这并不是说这些交易区以外我不进行任何交易。如果市场动向非常清楚，我可能在上午 8:45 入市，但是我几乎不在上午 10:15 到下午 12:30 之间，或者在下午 1:15 到 2:15 之间入市。交易通常很难预测，我不喜欢随意投资。如果在交易区快要结束时我仍在市场内，我可能会继续持有我的股票，但是如果市场突然反转，那么我会设立保护性止损点，以防遭受损失。

我再次强调一下我把这些时间段作为交易区，因为这时市场具有最大的流动性和波动性，并且我的合约交易方法最有效。当市场没有动向，并且交易量较低时，我通常进入市场。为什么呢？因为我没必要拿钱来冒险,除非我有机会赚钱。

使用 24 小时制进行交易

因为我将大部分交易放在交易区进行,这并不意味着在其他重要时间,我不关注市场,也不进行交易。多年前我开发了一个软件程序,叫做"成功路线图"。根据这个路线图我可以全天候监测市场。当然你可以使用其他程序来完成相同的目标,但本书不做详细介绍。我一直密切留意德国法兰克福(DAX)指数,并且通常在美国当天市场开盘前上午交易法兰克福指数(DAX)。不仅如此,在交易标准普尔股指数和道琼斯指数时,我也用法兰克福指数和其他外国市场来帮助我进行夜间交易。这一方法的关键是如何使用 24 小时制时间表。

毫无疑问,美国在世界金融中占有重要地位。因此在这里很容易查看芝加哥或纽约的证券交易所和指数。但是世界如此之大,其他重要的地理区域也要留意。精明的商人会留意欧洲和亚洲的市场。外国市场可以提供给我们获得更多利润的交易机会,应增强我们的洞察力。

从全球的角度来讲,交易紧随太阳的轨迹。太阳照耀的区域通常是交易活跃的区域。这一事实对美国本土交易者并没有太大的意义。但是由于科技的快速发展,如今交易者可以坐在卧室或办公室里关注日经交易指数、恒生指数、法兰克福指数以及其他国家或地区的股票交易所或指数。事实上,只要具有合适的平台和账户,在这些市场上进行交易也是可能的。我通常会交易德国法兰克福指数。

科技的进步向我们开放了一个更大更新的电子交易世界。几年前,一般交易者没有昂贵的全球电子交易系统终端,他们是不能在夜间市场进行交易的。他们不得不通过经纪行的交易平台下单。如今芝加哥商品交易所(CME)和其他经纪行都有电子订单输入系统,每个人都可以链接其个人电脑、交易账户和网络进行全球实时交易。

芝加哥商品交易所(CME)的电子系统是一个全球电子交易系统。芝加哥交易所(CBOT)也有一个叫做夜盘交易(a/c/e)的电子交易系统。

这些电子交易系统可以通过在线经纪账户进行操作。在工作日的下午，标准普尔股指期货于下午3：30在全球电子交易系统上开放。道琼斯指数期货晚上交易于下午7：15开放。晚上交易不同于白天的交易，晚上交易量较小，并且动向缓慢。我下单后去吃晚饭，回来发现我持有的股票基本没变。如果在晚上进行交易，准备好在市场上等待吧。

随着夜幕的降临，市场开始在全球范围内转移。太阳在东方升起后不久，亚洲开始营业，并吸引了全球的目光。例如在下午6：00，日经指数在东京开盘。不久后恒生指数在香港开盘。活跃的亚洲市场对美国市场有一定的影响。如果亚洲市场走向低迷，在买空标准普尔股指或道琼斯指数之前，你应三思而后行。相反如果东部市场走势强劲，你应该留意美国市场会出现多头，至少在卖空之前应谨慎。

法兰克福指数是一个德国的期货合约，通常在凌晨2：00开放。法国巴黎指数、法国市场、英国富时指数、伦敦市场以及瑞士市场也在这一时间开放。德国是欧洲最大的经济体，它发挥着举足轻重的作用。在全球电子交易系统开放之初，法兰克福指数是最主要的市场驱动力。如果法兰克福指数非常强，那么道琼斯指数和标准普尔股指数也会较强。当你发现亚洲、欧洲和美国具有相同的向上走势时，那么市场一定会出现看涨行情。这些市场中出现偏离现象，那么你应远离市场。如果国内和国外市场都走向低迷，这是市场虚弱的标志，你应该利用这一走向售出股票。为了提高交易，你应仔细留意全球市场，并运用上述知识。

当欧洲市场开放时，亚洲市场将要关闭。因此欧洲市场（特别是法兰克福指数）会吸引亚洲的目光，成为全球最活跃的交易中心。

美国主要金融市场在上午8：00到9：00之间开放。标准普尔股指期货在上午8：30开盘。一旦这些市场开放交易，全球目光将会集中到我们太平洋西海岸。随着美国上午交易的进行，外国市场对日交易的影响越来越小。法兰克福指数期货在下午1：00结束电子交易，在晚上早些时候亚洲市场开放之前，美国再一次占据交易。最活跃的全球市场从亚洲开始，在移向欧洲，最后到达美国，如此反复。就像太阳的路线一样从东到西。

在交易中无知是最愚蠢的。无知通常会将你的账户清空，并且让你心碎。你可能会在美国市场交易，但也应关注全球其他主要金融中心发生的事情。一些美国公司在国外交易所上市。这些大型跨国公司的股票价格反映了世界如何看待美国股票的价格，以及他们如何解读世界金融局面。世界真的很小，特别是随着科技的进步，如果在亚洲或欧洲发生大事件，这将反映在美国国内市场中。同样如果美国发生重大事件，不要期望这一事件只会停留在美国本土。就像 1987 年一样，这一事件会迅速影响全球市场。因此为了提高交易，密切关注世界格局，我非常建议你使用 24 小时制交易时间，并时刻关注外国指数、股票和交易所。

使用 24 小时制交易时间帮助我成为更好、更明智的交易者。同时也让我有新的交易渠道，例如交易法兰克福期货指数。

夜市交易须谨慎

夜间交易不同于日交易。正如你所想到的，夜市上交易者较少。因此，我觉得有必要给你一些警告。首先在交易之前观察并研究市场，注意其动向以及最活跃的次数。其中最活跃的次数之一是凌晨 2:00，即法兰克福指数开放时。德国人的活力似乎可以传染，通常美国市场也会伴随着一些上升趋势。

我想提到的另一点是即使我在夜市交易，但我从不将白天的交易延期交割。让我来解释一下：日交易会在下午结束，标准普尔股指期货在下午 3:15 结束，道琼斯指数在下午 4:00 结束。如果那时你不退出市场，你注定将彻夜持有股票，结算公司也需要更多的保证金。例如，交易一个电子迷你标准普尔股合约需要 1000.00 美元的保证金，也就是你不能把持有的股票拖到夜市进行。但是如果你彻夜持有合约，保证金可能会上升到 4500.00 美元。这里的区别很大！如果你想在夜市交易，但不想付更高的保证金，你必须在下午 3:15 闭市时退出市场，在夜市开放时重新入市。标准普尔股指期货在下午 3:30 重新开放，道琼斯指数期货在下午 7:15 重新开放。因此，如果你想入市，那么就在下午 3:15 退出，然后在下午 3:30 重新入市（对于标准普尔股指数是这样的，其他指数或交易所可能有其他时间)。一旦你重新进入,你可以持有那些股票,直到第二天日交易结束。

当人们讨论日交易的风险时,我总是记起这些交易规则。交易在世界上最能决定优劣。与那些运用日交易策略的人相比,那些买入并彻夜持有期货的人需要更多的风险资金。好好考虑一下吧!

另外,如果你计划在日交易结束后继续交易,那么小心点。我喜欢在晚上交易,我从夜市设立之初开始玩这个游戏,我知道许多策略和技巧。如果你没有掌握这些策略和技巧,那么时间可能会欺骗你。你知道为什么德古拉(译注:德古拉伯爵,爱尔兰作家亚伯拉罕·布兰姆·斯托克创作的长篇小说《德古拉》及电影《惊情四百年》中的吸血鬼,只能在夜里从棺材里出来吸食活人的血液)会在晚上出来吗?他专门吸那些毫无防备之人的血。一些专业夜市交易者试图对不知情的交易者做同样的事情。华尔街知道这其中的内在危险,因此他们增加了要求的保证金。

如果你准备在夜市交易,不要让一些市场上的德古拉吸干你的账户!

一年中的时间也同样重要

除了运用一天中的时间和 24 小时制外,我也使用一年中的时间来帮助我增加利润。一年中的一些时间相对来说是非常重要的。当市场在 1 月 1 日开放时,牛和熊开始了战争。这一年是崭新的,因此每一方都有 365 天来施加其对市场的影响。过去一年的市场趋势可能会持续,或者结束上一年的趋势,开始新趋势。以 2005 年为例,上一年以上涨趋势结束。在 2004 年的最后两个月中,标准普尔股指期货上升了约一百个点。这可谓是一次相当大的动向。

看到 2004 年 12 月的收益,新手可能会认为 2005 年价格肯定会上升。2005 年标准普尔股指期货的开盘价为 1213.50。但是新的一年开始时,这一切都是不确定的。价格会继续上升还是会出现折返呢?至少在 1 月,价格没有继续上升。熊市大规模出现了。到月底时,标准普尔股票的交易价比年初时低 50 个点。2005 年市场会继续下跌到 2004 年的平均价格吗？没有人知道。但是我知道对这一整年来说，标准普尔股指期货的 1213.50 开盘价是非常重要的。如果牛市中出现高于此数字的价格，那么就会出现价格回升。

我把一年的开盘价看作这一年中最重要的节点数字。在 2005 年 1 月上旬，很明显会出现一场牛市和熊市的较量。在本书写作时，我们仍然不清楚谁将赢得 2005 年的战争。如果这一年你只需记住一个数字的话，那么请记住你交易的股票的开盘价格。明智地使用那个数字，它会让你的银行存款增加。

让我们看另一个例子。2004 年，标准普尔股期货的开盘价为 1111.00（见图 2.1）。这一年我时刻关注这一数字。如果市场低于此价格时，我知道会出现强烈的看跌行情，因此我准备抛售。如果市场价格高于此价格，我开始买空。在 11 月，价格达到了 1111.00，我仔细观察牛市是否会将价格推得更高。我知道如果打破了这一年的开盘价，市场将会继续上升，从而出现更高的价格。在圣诞节快要来临时，1111.00 的价格被打破了，并且价格没有回落。2005 年 1 月 1 日市场开始折返了数周，在这之前，价格并没有回落。即使是价格折返时，价格也远远高于 1111.00。

注意图 2.1 中，市场对 1111.00 价格的反应。同样注意 2004 年底的大波动。一旦牛市中市场价格高于这一年的开盘价，节日气氛跃升，促使价格继续上升。在人们迎接新年时，标准普尔股期货增加了 100 多个点。

每年 1 月 2 日的开盘铃是交易游戏的开始。这一天是一年中最重要的一天，记住！

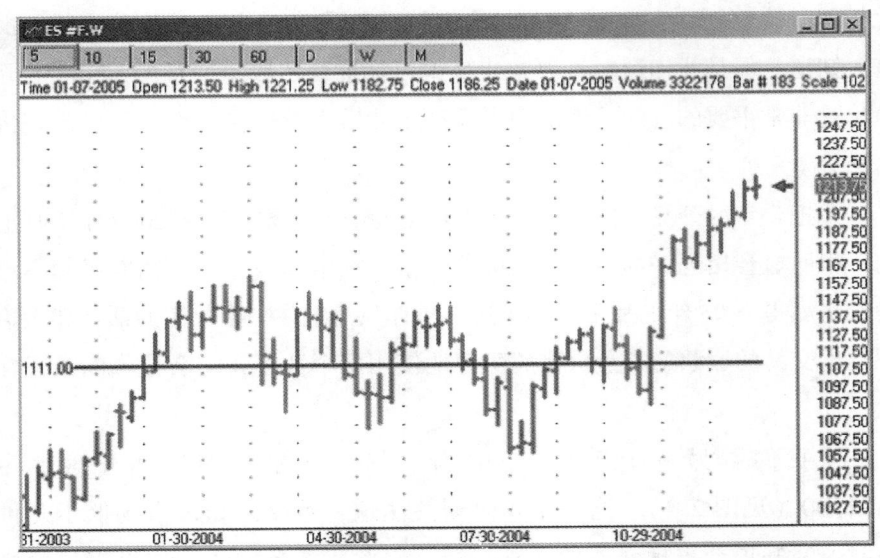

资料来源：www.dtitrader.com

图 2.1　注意标准普尔股指期货以及年开盘价的重要性

假日和其他日期是非常重要的

新年并不是唯一需要关注的重要日期。许多其他的节日也会影响全球市场。我在 4 月 15 日很少情绪高涨，但市场却恰恰相反。如果美国纳税日（4 月 15 日）之后市场走势向上，那么此趋势将会加强。或者市场可能在这一天过后出现折返，那么市场出现新趋势的日期就是分水岭。出现新趋势之后，该趋势可能继续并加强，或者重新评估和折返。其他类似的日期还包括阵亡将士纪念日、7 月 4 日、劳动节、感恩节和圣诞节。

我喜欢圣诞节。12 月对我来说是神奇的交易月。市场是看涨行情，并且继续上涨。就像华尔街的节日气氛一般，我在 12 月也赚了不少钱。如果在 11 月底和 12 月出现看跌行情，那么一定要注意了。因为尽管华尔街交易者们都沉浸在节日的氛围中但市场仍会呈现下跌趋势。

时间是一剂良药，它可以理清我的思绪

我用时间来理清思绪。有时我们都会墨守成规。所以我们的交易效果

并不理想。星期一我们遭受损失，然后星期二我们损失更加惨重。到星期五，我们希望这周没有进行交易。如果我们发现自己接连失败，那么退出交易吧。先停一段时间，休息一下，理清思绪。

我的一个学生接连经历了许多糟糕的失败。每次下单时，她内心感觉将要失败，这是非常糟糕的。她缺乏自信，并且它的担心让她再一次失败。她所在班级约有 20 个学生。班上其他同学也进行了与她相同的交易，但结果却完全不同。他们进入交易更快、持有时间更长并且他们盈利了。相反她非常犹豫，进入交易较晚或者盈利甚微，并且过早地退出交易，是她自己让自己受到伤害。我试图告诉她这些，但她不听。我劝告她休息一段时间，停止交易并理清思绪。我劝她在找回自信之前做一些纸张交易或进行模拟交易。

但她却不情愿地回答道："我不能退出。我这个月必须赚钱，因为我有一些账单要还。"她坚决地拒绝了我的建议，并继续进行交易。很快她不再进行交易了，因为她的账户空了。

时间通过让你退出市场，从而帮助你摆脱接连的失败，让你认清并改正你的错误。如果没什么意外的话，它可以让你停止遭受失败，直到你可以重新适应市场，并提高你的策略。

当你休息时，利用这段时间来评价一下你的交易：你做错了什么？是时间不对吗？你误读了指数吗？是害怕或贪婪毁坏了你的交易策略吗？是市场太过风声鹤唳或太难预测了吗？你如何提高呢？

你理清思绪，并想清你的长处和短处之后，再回到交易游戏中。慢慢开始，先做纸张交易或模拟交易。当你开始使用实际账户进行交易时，先进行几次小资产交易。如果它们都是盈利的，慢慢增加你的交易，直至恢复以前的速度。在你试图进行大笔交易前，你要恢复自信。

将时间作为交易因素，但不要让交易占据全部生活

你需要使用 24 小时制时间表进行交易，但那不意味着你应该坐在电脑前 24 个小时进行交易。路线图软件将 24 小时的市场数据记录下来。你可以好好休息，因为你知道起床后可以了解这些信息。也有其他的方法来跟

踪并记录数据。找一个方法吧。你可以做的最好的事情就是找出、测试、合并交易工具，以便简化你的交易生涯。

时刻关注市场，但记住只有当你盈利的可能性较高时才能进行交易。当市场没有动向或你不能确定其动向时，远离市场吧。打高尔夫、看电视、打扫房间，做任何你需要或想要做的事情。

如果你选择了明智的交易时间，你将赚取更多的钱，并且你能更好地享受生活。

回顾

高尔夫是我最喜欢的运动。数十年来我不断学习，努力提高我的打球技能。几年前，我的导师罗恩·戈林（Ron Gring）告诉我高尔夫是一个对立游戏。例如，如果你想将球打出很长的距离，不能只关注远处的球洞；相反你必须关注你脚下的球。为了让球打得更远，你必须停下来，集中注意力进行挥杆，并且力量要精准。如果你只关注挥杆的力量，你的球杆可能会错过球，或仅仅是擦球而过，并溅起灰尘。

这样说来，交易就像高尔夫。为了赚取更多利润，你需要减少交易量，但要经过深思熟虑。没有经验的交易者通常认为他或她需要一直交易，那是不正确的。交易太频繁的交易者通常会浪费时间和金钱。

时间是交易中非常重要的因素。当市场波动性和流动性最大时，你想要交易，因为那时你可以盈利。如果你在我所说的交易区内进行交易，这些主要因素通常会出现。同样如果你只在这些时间段进行交易，你则以另一种方式增加了成功的可能性，你不会过度交易。过度交易会消耗掉你的账户。

注意全球时间，并使用24小时制时间，这是非常重要的。在当今科技发达、交流频繁的时代，全球的活动都会影响市场。了解亚洲和欧洲如何交易对你的市场分析是非常重要的。它通过告诉你世界对市场的看法，从而提高你的交易成功率。

全球的假日和事件也是很重要的时间。注意新年的开始、4月15日、阵亡将士纪念日、劳动节、感恩节以及圣诞节。记住这些日子可能会出现市场折返或加速的信号。注意这些日子市场是如何交易的，并相应地调整你的交易。

最后，如果你的交易出现了问题，那么停止交易。停下来休息一下，不要沉迷于此游戏。抽出时间来重振自我，并重新评估你的交易。进行放松和评估。找出错误，并制订改正计划。通过有效地利用时间，你的交易将会改善。

 经验总结

☆耐心才会有回报。

☆在市场流动性和波动性较大时进行交易。

☆使用24小时制时间表进行交易。

☆不要过度交易。

☆记住每年市场的开盘价，将此数字作为这一年交易的重要节点。

第3章 交易是一场数字游戏

1999年3月30日，星期二，道琼斯指数突破了10000点。这是市场观察家期盼多年的重大时刻。华尔街智慧团预言道琼斯指数突破10000点时，市场会形成强大的阻力从而导致市场出现重大反转。因此，由于此说法，每次市场接近10000点，市场就会出现大量的卖出从而导致市场指数下降。最终经过多次反复之后，还是到达并且突破10000点大关。由于10000点非常重要，达到10000点会花费很长时间。

每一个指数、股票和商品都有某一相对来说比较重要的数字，我将这些数字称为关键数字。我不知道为什么，但我确定这些数字是很关键的。当某个市场接近或突破关键数字时，它们就称为支撑点或阻力点，因此这些数字是该市场的关键数字。职业交易者明白这些关键数字及其重要性，从而利用这些关键数字来赚取利润。如果你想成为一名成功的交易者，你也必须学会利用这些关键数字。关键数字就像时间一样，是我的交易策略中的另一重要因素。

使用关键数字并非我的首创

自股票市场诞生以来，出现过很多杰出的交易者。我喜欢阅读他们的生活和交易方法。其中我最喜欢并尊重的是杰西·利弗莫尔（Jesse Livermore），他是华尔街上的大熊。这本书中我经常提及利弗莫尔，因为我更认可他的交易风格，并且更痴迷于他白手起家的故事。理查德·斯米顿（Richard Smitten）在《杰西·利弗莫尔疯狂的一生》（*The Amazing*

Life of Jesse Livermore）一书中讲述了利弗莫尔的有趣人生，这本书由交易者通讯社出版。利弗莫尔从14岁起开始创业。他带着仅有的几美元离开了家乡，到了波士顿。他刚刚到达波士顿，便进入了潘恩·韦伯（Paine Webber）的办公室。他在那里找到了一份工作，成为一名黑板男孩。黑板男孩的职责并不复杂，但需要集中注意力并准确记录数字。自动收报机中播放着数字，杰西必须在黑板上准确地记录下来，供经纪人和客户阅读。

在记录股票价格时，利弗莫尔发现某些数字会反复出现。他发现这些反复出现的数字具有一定的规律。利弗莫尔并不懂当今先进的技术，也没有计算机来跟踪并记录数据，或者形成图表供其研究。利弗莫尔在数字日记中记下这些数字，他把日记装在口袋里以便经常研究。这些规律给他留下了深刻印象，不久后，他利用这些信息进行股票交易，并获得了利润。每次他看出规律，都会充分利用这一规律。如果你想在这场游戏中获得胜利，那么你应像利弗莫尔一样研究这些数字，发现并使用这些规律。找到关键数字将会帮助你做到这些。

1907年10月27日，利弗莫尔30岁，在这一年他完成了第一个百万美元的交易。没错，在一个交易中他赚了一百万美元。并且根据史密登所说，他是在一天之中完成这个交易的。一百万美元在今天看来也是一大笔钱，可以想象在1907年这会是多么庞大的一笔钱。

研究关键数字不一定会在一天内或一生中带给你一百万美元，但是我保证如果你发现了你所交易的市场的关键数字，并充分地使用这些数字，那么你的交易水平将会提高。学习就是秘诀。

什么是关键数字，它们是如何构成的

什么是关键数字呢？关键数字就是因为某些原因在市场中非常重要的价格。也就是在此价格时，市场会形成支撑线或阻力线。通常达到此线时市场会反转，但在牛市或熊市中，价格趋势线会穿过此线。市场非常重视这些数字。其中一些关键数字发挥的作用较大,而另一些作用则相对小些。关键数字以不同的方式确立。有些关键数字向来是非常重要的,也就是说随着时间的推移,这些数字已经在市场上确立了自己的地位,并且市场也非常重视它们。其他数字也很重要,因为他们在近期的交易中具有强大的影响力和作用。正如前面所说,所有关键数字并不是同等重要的。一些数字是主要的,像1999年道琼斯指数的10000。其他数字是次要的,可能只是简单地起到支撑或阻力作用。要想成为一名好的交易者,你必须了解市场重视的数字。相信我,大男孩知道的数字,如果你不知道,你很可能会被击败,因为你会习惯性地高峰点购买而低谷点售出。使用关键数字来避免此错误吧。

股票遵循关键数字

不仅仅是交易所和指数中有关键数字,股票中也有关键数字。根据我的经验,100.00对大多数股票来说是一个关键数字。如果股票打破了100.00,那么它很可能继续上升达到110.00。我记得在我交易美林证券时,我意识到了这些。我卖空股票后,它打破了100.00。我持有这些股票,并等待股票价格走势出现反转。但是当股票价格趋向110.00时,我既沮丧又震惊,我的利润也随之消失。从那时起,我理解了100.00在股票市场中的强大作用,我不断地运用这一知识赚钱。如果国际商业机器公司、微软、易贝网或其他我正在交易的股票突破了100.00,我不会将其卖空。相反我会买入,并且将110.00或接近110.00作为最终的盈利目标。或者我继续等待,但我不会卖空(见图3.1)。

如果你正在交易某只股票,那么你应研究一下该股票,并找出该股票的关键数字。在哪里形成支撑和阻力点?记住一年的开市价,以及历史高峰点和低谷点。研究一天和一年中某段时间的交易模式,从而确定最强的支撑点和阻力点。这将帮助你了解市场的节奏,并紧随市场的步伐。不要低估了关键数字的作用。

大宗商品交易中的关键数字

关键数字在大宗商品市场中同样也非常重要。例如对原油来说，50美元每桶可谓是天文数字了，就像道琼斯指数的10000点。分析家仔细观察了50.00美元每桶的价格。这一数字其实在2004年就被打破并超越了，原油价格上升到了56美元每桶。2005年，原油价格继续上升。一旦主要支撑点或阻力点被打破，市场将更趋向于下一个关键数字（见图3.2）。

我的一个朋友大E（Big E）在2004年卖空原油。毫无疑问，当原油价格超过50.00美元每桶时，他非常伤心。2005年大E采取了相反的策略。他聪明地利用50.00美元的价格作为节点数字入市。在2005年6月，当原油价格突破58.00美元时，大E获得了很大的收益。在市场中，了解关键数字才会获得收益。

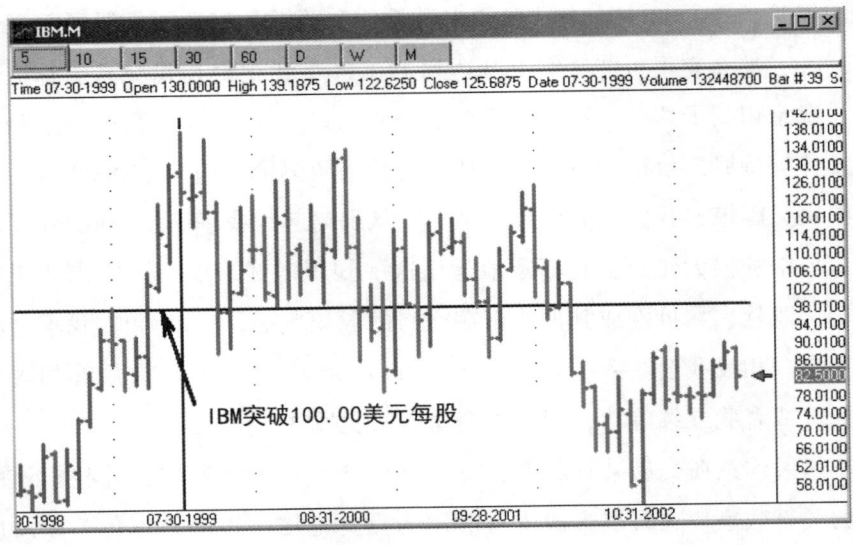

资料来源：www.dtitrader.com

图3.1 注意国际商业机器公司发生了什么，
以及价格何时超过了100.00美元每股

第3章 交易是一场数字游戏

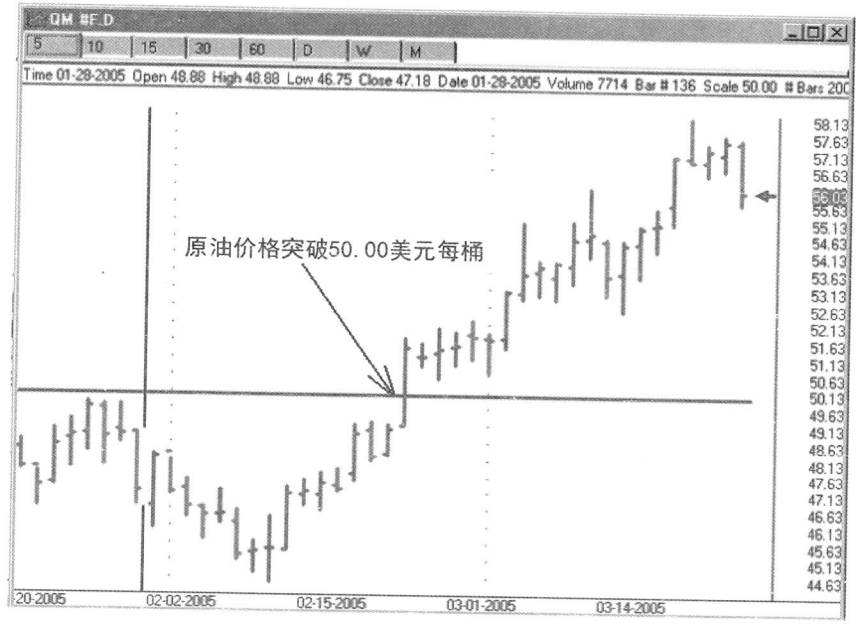

资料来源：www.dtitrader.com

图3.2 注意当原油价格超过50.00美元每桶时市场的反应

在交易一种大宗商品之前，先观察这种商品一段时间。就像股票一样，先观察规律。看一下日交易表，并找出你可能会遇到阻力的地方，然后使用关键数字来盈利。

有时大宗商品会受外部因素的影响，价格出现波动。伊拉克战争让原油市场变得紧张，使得原油价格在2004年和2005年大幅上升。在其他时候，受短缺、生产过剩或者环境因素的影响，其他大宗商品价格会大幅波动。因此如果你正在交易某种商品，那么有许多因素需要考虑。但是毫无疑问，关键数字是入市前需要研究的重要事情之一。

关键数字在期货市场中起着巨大作用

所有市场中都有需要注意的关键数字，包括期货指数。几年前我发现标准普尔期货合约通常以0.5的增量变动。例如，如果标准普尔期货合约价格达到了1167.00，那么接下来很可能达到1167.50或者1166.50。我用此来帮助我确定最佳的保护性止损点。例如我从1167.00起长线持有标准普尔股指期货，我需要确定最佳的保护性止损点。我不想止损点太近，也不想离我正交易的价格太远。因为我研究过关键数字，我知道对这一指数来说，1165.00是一个历史性的关键数字。根据我补充的知识，标准普尔股指将会以0.5的增量变动，从而我可以更好地选择我的保护性止损点，因此我将该点设为1164.40（我想比1165.00低0.50，然后给市场多一点安全变动空间，因此如果指数下降到1165.50，然后反转上升，那么我将是安全的）。

再举一个例子：如果我从1167.00长线持有标准普尔股指期货，我知道下一个有阻力作用的关键数字是1169.00。因为以9结尾的数字在该市场中是重要的。另外我除了知道1169.00是一个关键数字，我还知道该市场倾向于以0.50的增量变动。因此，我将保护性止损点设在1169.00，并增加该市场很容易达到的0.50增量。我在市场留出了多一点的变动空间，因此我将保护性止损点设为1169.60。

多年来，这一交易模式和关键数字给我带来了丰厚的收益。如果你知道并使用关键数字，那么你的交易也将会盈利。

如何利用关键数字分析市场

另一种使用关键数字的方式是了解市场的宏观状况。交易者既需要了解市场的宏观或长期状况，也需要了解局部或短期状况。关键数字可以帮助我实现这一目标，并为我的分析形成框架。我的分析着眼于整体情况，逐步细化到局部，然后是手中的交易。

以下是我的方法。正如第二章中所说，年初我记录下这一年中我认为可能会进行交易的每一只股票、指数、商品和其他交易工具的年度开盘价。2005年我记录的标准普尔股指期货的开盘价为1213.50、道琼斯期货为10781.00、纳斯达克期货为1682.00、德国法兰克福指数期货为4284.00，以及其他一些我认为可能会交易的股票，例如易贝网（EBAY）、黑莓公司（RIMM）和埃克森美孚（XOM），仅举几例。

第3章 交易是一场数字游戏

每年的年度开盘价是第一个需要牢记的重要数字。如果这一整年中的市场交易价格高于此数字,那么我认为整个市场偏向牛市。如果这一整年中市场交易价格低于此数字,我认为市场在一定程度上偏向熊市。市场的涨幅或跌幅取决于交易价格高于或低于年度开盘价的程度。

我了解年度开盘价后,我会关注之后的周开盘价。我会记录一月份每周的开盘价。我将其与之前的年度开盘价和周开盘价做对比。市场的交易价高于还是低于以前的年开盘价和周开盘价?我记录周开盘价,并且形成周开盘价的趋势线。这一趋势线让我了解市场的整体状况。

这一年中每个月的第一天,我都会做相同的事情:记录月开盘价。每一周我会记录周开盘价,并形成趋势线。如果5月份标准普尔股指期货的月开盘价比4月高,我认为市场偏向牛市。如果数月都是牛市,我就会谨慎处理卖空交易。当然,我通过与年开盘价相比较来关注月开盘价。通过连续数月和数周关注市场,我可以时刻了解市场行情,并且明白市场的整体结构。请参考第四章,以及2005年初的趋势线,详见表4.2到表4.5。

这些信息为什么非常重要呢?几年前,我在评估市场时发现开盘价才是最重要的。许多交易者关注市场收盘价,而忽略开盘价。相反我认为开市价才隐藏着大机密。

即使市场涨势强劲,有时市场也会出现回落并且回落趋势不断加强。或者在低迷的熊市占据主要市场时,价格也可能会出现回升。如果你没有意识到市场的潜在行情,你可能在错误的时间卖出或买入。关注开盘价可以帮助我确定潜在的市场行情。

2005年第一天的开盘价是一月份的最高价格。这一年中我牢记此开盘价,并用它来评估市场。在写本文时,即2005年5月,我回首发现通过宏观了解市场行情,我避免了犯大多数人常犯的错误。面对2004年价格的强势回升,大量的投资者(可能达到95%)可能认为2005年初价格会持续回升。但是我的宏观方法让我看清了这次市场回旋。

另一个例子是2005年5月的美联储日。在2005年5月3日,美联储于下午1:15发表声明,此时我意识到一个事实,那就是标准普尔期货指数的交易价格低于日开盘价1164.00。因此我努力做空市场。我这么做了,在10分钟内，我学生和我的股票跌至1157.00。当每个人都在试图辨别谁是格林斯潘（美联储主席）时，我们在用我们的方法赚钱。

在头脑中形成市场的整体框架，你可以更好地分析市场的动向，并作出适当的回应。你将会知道这些数字是如何结合在一起的以及它们的重要意义。这将挽救你的资金。

将此方法用于期权

我将此方法变相地运用到期权中。在截止日，看一下股票期权的收盘价。那个价格高于还是低于该股票的年开盘价？如果高于开盘价，那么做多市场。在2004年末，我成功运用该策略交易苹果股票。我注意到月收盘价高于年开盘价，所以我以60.00美元的价格购买了股票和股票期权。当价格从30.00美元上升到40.00美元时，我的这笔交易表现非常出色（见图3.3）。

从整体到局部

从每月开盘价和每周开盘价转移到日交易价格。我的方法是从整体开始，逐渐深入到当前交易时间和价格。我想知道每一天的开盘和收盘价，以及每一天的日趋势是什么样的。接下来我会了解一天中我认为值得注意的其他数字。首先我会了解前一天交易的最高和最低价格，然后我会了解全球电子交易系统的最高和最低价格（前一天的夜市上）。市场的最高和最低价格是很重要的，因为它们告诉我最近市场会在哪里形成支撑和阻力。我也会了解前一天下午12:30的价格、上午6:00德国法兰克福指数价格，以及上午3:30标准普尔股指期货价格。在交易日中，我把这些数字看作重要数字，并在日交易开始前记下这些数字。随着日交易的进行，我把这些数字作为评估市场活跃度的标准。我想知道我们的交易价高于还是低于昨天的最高交易价格，或者高于还是低于昨天下午12:30的价格。利用这些数字我可以确定市场方向并了解市场趋势。这么多数字可能让你迷惑，但如果你在方格纸上画出来，你将会一目了然。

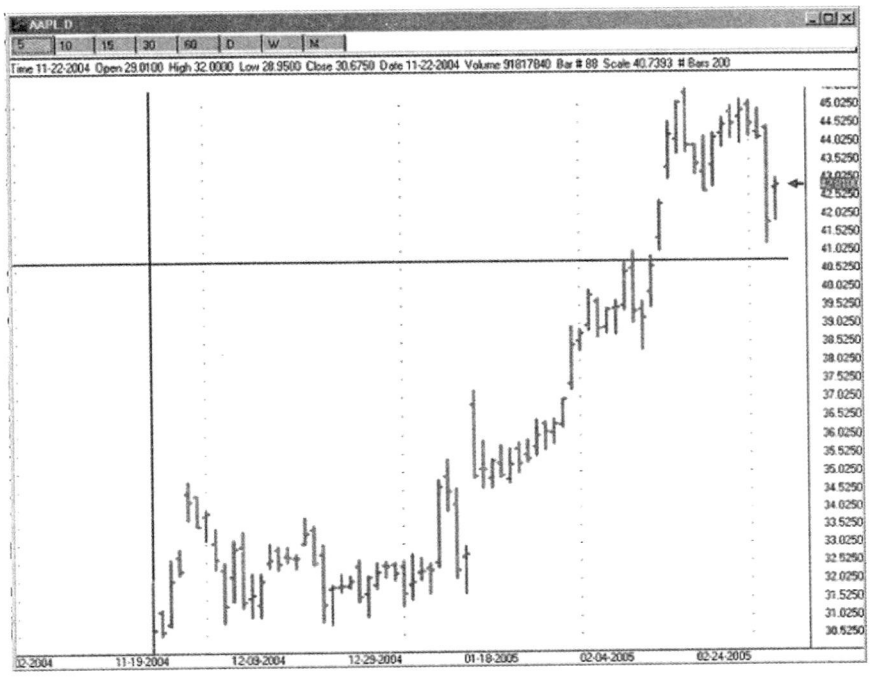

资料来源：www.dtitrader.com

图 3.3　注意苹果公司的股票价格从 30.00 美元上升到 40.00 美元的大波动

下午 12:30，市场再一次活跃起来

正如前面所述，下午 12:30 的价格对我来说是一个重要数字。通过长时间的观察，我看到了这个数字的重要性。每天在交易者吃完午饭回来后，他们开始以全新的视角调查市场，市场在这时重新活跃起来，就像重新启动一般。那并不意味着这时必然会出现回调，但这一时间是日交易的分水岭，因为这时市场、交易所和指数可能会回调、折返或继续白天形成的趋势。我把下午 12:30 的交易价格看作是非常重要的数字。这一数字在第二天下午 12:30 形成新的价格前对市场是非常重要的。

德国法兰克福期货早晨 6:00 在德国市场的价格与下午 12:30 在美国市场的价格是同等重要。德国法兰克福市场在早晨 6:00（美国中部时间）与美国市场在下午 12:30 具有同样的活力。这一时间法兰克福市场正在进行重新评估，可能会反转或继续现趋势。因此德国法兰克福指数在早晨6:00的交易价格对我来说也是非常重要的。

我认为另一个非常重要的数字是凌晨3:30标准普尔股指期货的价格，我记录并留意这一数字。它反映出欧洲交易者在最活跃的交易中如何看待美国市场。参考我记录并留意的每日关键数字。我也强烈建议你记下你所使用的交易工具的有用的关键数字。

一天中标准普尔股指期货的关键数字

昨天的最高价格

昨天的最低价格

全球电子交易系统的最高价格

全球电子交易系统的最低价格

下午12:30的价格

凌晨3:30的价格

早晨6:00法兰克福期货价格

记住所有时间都是指美国中部时间

再次缩小关注点

除了关键数字，我也使用30分钟棒状图表来表示交易。在近30年的交易中，我使用了各种方法和图表技术。但是对我来说，最有用的就是这个记录30分钟内交易的图表。图表上的关键数字是每个30分钟棒状图的高点和低点。图3.4是我使用的关于日交易的图表示例。每个棒状图都代表标准普尔股指期货在30分钟内的交易。这些图表非常简单清晰，这些基础性的表格以及其他方法使我可以紧随市场趋势。

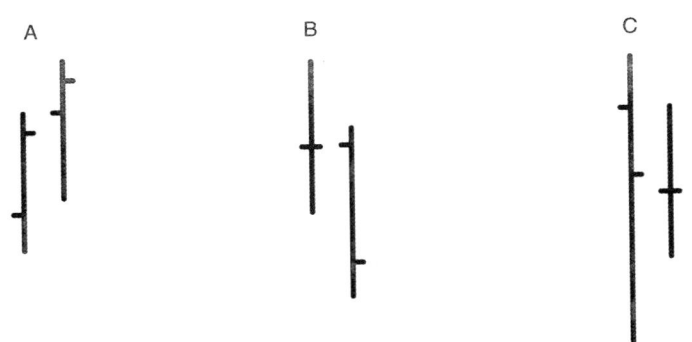

资料来源：www.dtitrader.com

图 3.4　图 A 代表上升趋势。图 B 代表下降趋势。图 C 代表没有趋势，因为第二个棒状图在第一个的内部。

在图 A 中，第二个棒状图的高点和低点均比第一个高。在图表所表示的时间内市场是看涨行情。在图 B 中，第二个棒状图的高点和低点均比第一个低，在图表所表示的时间内市场是看跌行情。图 C 表示没有趋势，因为第二个棒状图包含在第一个棒状图中，这时很难确定市场是上升还是下降走势。这个信号清晰地告诉你不要进行任何交易。如果市场是此图表表示的趋势，那么此时进行交易就像抛硬币或者坐在投币机旁，只能听天由命。你不能在任何情况下都使用这种图表，除非想退出市场。

作为交易者，有时你会感觉不得不进行交易。我们对市场观察了数个小时，如果不进行交易，我们感觉就像在浪费时间。但是，做出正确的决定，以远离不景气市场，这是非常重要的，这比进行糟糕的交易和赔钱要好得多。为什么要错误地进入市场后，再后悔呢？记住今天你的损失就是明天你不得不赚的钱。

在日交易中，最重要的 30 分钟图表是上午 8:30 到 9:00 和下午 12:30 到 1:00 形成的棒状图。我将这些棒状图作为参考棒状图，因为在可交易区内我用它们衡量市场。我留意这些棒状图的高点和低点，从而确定那时的市场是牛市还是熊市。

我在分析市场时，从宏观开始，逐渐缩小至眼前的市场。通过这种由宏观或长期交易到短期或眼前交易，我可以更清晰地观察市场，我相信这可以提高我的成功概率。这是因为我正确地把握了市场的宏观情况，我可以紧随市场趋势以获得利润。这也帮助我成功地辨别错误的市场趋势，从而防止蒙受损失。

历来非常关键的数字

在每一个市场中都会有一些数字历来是非常重要的。当你交易一个指数时，你首先应了解其关键数字。以道琼斯指数为例。道琼斯指数的关键数字非常好记，因为它们是 25 的倍数，也就是 00、25、50 和 75，并且这些数字几乎都有 5。其中 50 和 00 是主要的关键数字，而 25 和 75 是次要的关键数字。

留意一下道琼斯期货交易。如果道琼斯期货交易额为 10482，下一个主要阻力点将很可能是 10500。如果一旦 10500 被打破，下一个次要阻力点将会是 10525。如果 10525 被打破，那么指数将可能达到 10550。当然这些数字对道琼斯指数来讲并不是唯一主要的。正如前面所讲，在市场交易中，其他数字也会形成支撑点和阻力点。你也需要注意这些数字。

道琼斯期货指数历来非常关键的数字

00　　25　　50　　75

市场将在 50 和 00 点形成主要的支撑线或阻力线，而在 25 和 75 点形成次要的支撑线和阻力线。例如 10400、10500、10600、10450、10550 和 10650 具有主要的支撑或阻力作用。10425、10475、10525 和 10575 具有次要的阻力或支撑作用。

标准普尔股指期货历来非常关键的数字

现在让我们来看一下标准普尔股指期货指数，此指数有相当多的关键数字。像道琼斯指数一样，00 是非常重要的，例如 1100.00、1200.00 和 1300.00 是很重要的。另外 2、7 和 9 可能也是关键数字（这也意味着 902.00，或 1152，或其他以 2、7、9 结尾的数字也是很重要的）。观察标准普尔股指期货及其交易，你会发现 1172.00、1182.00、1202.00 是关键数字。同样 1177.00、1277.00、1377.00 也是很重要的数字。

对于标准普尔股指期货也有其他历来非常重要的数字。有些在图 3.6 中列出了。我的许多学生抄下此表，将其放在电脑上或电脑旁，以便快速地查阅。他们相信正确识别并使用这些数字将会给其交易带来积极影响。

当你使用这些历来非常关键的数字时，记住你必须将其放入现在的市场环境中。注意与市场交易联系起来观察这些关键数字，并注意市场是何反应。例如当一个数字出现时，市场数周都非常坚挺，每次到达这个数字，市场会形成支撑或阻力。通过模拟市场，你将会了解这些数字的重要影响。

一些关于标准普尔股指期货指数的历来非常关键的数字			
02	32	52	75
06	35	55	77
09	37	57—58	81
12	42	63—64	84
15	45	69	87
27	47	72	92
	50		98

如何使用关键数字进行交易

我利用关键数字入市

因为关键数字是市场的支撑点和阻力点，所有我会以多种方式利用它们。首先，如果寻找入市或出市的点，当然我不想在达到主要阻力点之前入市。我先等市场打破阻力点后再入市。所有交易者都有这样的经历，就是在每日、每周或每月的最高点购买，之后市场反转并且趋势开始走低，然后预期的利润很快变成了损失。同样我们都有过在支撑点售出的经历。在我艰难的岁月中，我似乎一直在高点买入，在低点卖出。很明显如果你正处在关键支撑线，你是不愿意卖出的。等待打破支撑线继续下跌时再进入市场做空头。

我利用关键数字设立利润目标

我也会利用关键数字来设立利润目标。如果我以 1209.00 的价格买入标准普尔股票，而此股票的年开盘价为 1213.50，我知道市场将对年开盘价呈现很大的阻力。因此，在达到主要阻力线之前，我想提取一些利润，并减少股票持有量。如果这个数字影响很大，在市场成功突破该数字之前，市场可能会进行多次尝试。阻力被打破之后，我可能会再一次进入市场，或增加股票持有量。那时，原来的阻力线变成新的支撑线，我会寻找下一个阻力线来赚取额外利润。如果支撑线被打破，也会发生同样的事情。我会寻找下一个支撑点来赚取利润。

如果你不在支撑线和阻力线提取利润，你可能会后悔的。我总是喜欢得到回报。我不想长时间持有股票。如果你太贪婪，那么市场可能会与你背道而驰。记住你交易的目的是为了赚钱。

我利用关键数字确定保护性止损点

最后，我利用关键数字来确定保护性止损点。如果你想保护你的资金，不要在没有保护性止损点的情况下进行交易。我让每个学生都记住的事情就是你不能在没有止损点的情况下进行交易。没有止损点而进行交易是非常愚蠢的。

正如所有经验丰富的交易者所知悉的，止损点是一门大学问。为了确定有效的止损点，你需要找到并且重视关键数字。当我确定保护性止损点的位置时，我会找出以下关键数字。我将止损点设在那一数字的对立面。以我前面所讲的标准普尔期货指数的关键数字为例，相信我，我告诉你这些关于关键数字的文章很重要，你要反复阅读它们，直到真正地理解这些文章。这一点非常重要，不要忽略。

回顾

几乎每一只股票、指数、交易所和商品都比其他东西重视数字。这些关键数字是非常重要的支撑点和阻力点。通过学习关键数字，你可以选择最佳的入市时机、设立利润目标并确定合适的保护性止损点。许多交易者了解并利用关键数字。在这些关键数字处会出现市场反转，也可以穿过此点。

观察是找到关键数字的最好方式。观察一段时间的股票或指数交易并找出关键点。研究周图表和日图表，并注意价格波动的点。充分了解关键数字将会提供给你赚钱的机会。没有关键数字，我就不能进行交易，并且可能会蒙受损失。关键数字是我的指南针，它们指引我穿过市场的迷宫。

 经验总结

☆利用关键数字宏观把握市场。

☆记录并记住年度开盘价。

☆以年度开盘价开始，并使用月开盘价和周开盘价画出趋势线。这将帮助你了解市场是否具有长期的经济偏差。如果有，那么它会帮助你找出偏差。

☆每个市场都有某些非常重要的关键数字。了解这些关键数字并利用它们。

☆利用关键数字确定入市点、出市点，并确立利润目标。

第 4 章　盘口解读

我初次涉足金融服务业时，我的雇主将我送到世界上最具活力的城市之一——纽约进行培训。在那里我参观了最受瞩目也是最具活力的地方——华尔街。纽约证券交易所总是人山人海，那里的人们总是步履匆匆，就像工蜂一样忙碌着。每个人都在叫喊。乍一看，这里似乎一片混乱，但是很快你会发现这里的混乱是有秩序的。所有的交易者都明白如何玩这个游戏，也明白他们在其中的角色。在我培训过程中，我对企业进行了长时间的调研。我学习了计算利率的传统方法，并选择了多种股票和投资方式。我的大部分时间都花在复杂的技术分析上。我是一个好学生，学习非常刻苦。我非常喜欢投资，所以我有强烈的欲望来研究市场。当我离开这座大城市时，我学到了有用的东西，并且我对此感到非常自豪。但那时我还没有意识到我的无知。

回到俄克拉荷马市的证券经纪公司之后，我立刻报到上班。一个同为经纪人的同事卡皮（Chappy）在财务管理领域工作了近 30 年。我看到他正在工作，于是走过去跟他聊了起来。在他桌子的一角有一大堆案头工作。这是关于几十个公司及其股票的研究细节，这些研究细节对所有人都极具诱惑力。

我和卡皮攀谈起来，只是闲聊而已。我想展示我多么知识渊博。几分钟后，他冲我微笑着说道："看到这些调查了吗？这些可是价值数百万美元的分析研究，但这些东西其实并不重要。"然后他抬起胳膊，将那堆文件推进垃圾桶里。"看到那个了吗？"他指向挂满办公室墙壁的纸条，"我的朋友，那才是最重要的。如果你想在华尔街挣钱的话，你必须学会阅读纸带读出器。"

如今我从事投资和交易近 30 年了，我非常同意卡皮的观点。如果你想成为一名成功的交易者，你必须学会看盘。看盘并不仅仅看数字穿过美国线。看盘是指理解数字变动的意义，并相对于其他数字和数据包括时间来进行理解。这是需要不断学习的技能。

致盈则亏

在我的办公室里，有一个旧的纸带读出器。这是一个很好的谈资。它安装上纸带后就像是一个小的收银机收据。很难想象多年前这个小机器是交易者获得市场数据的方式。事实上，尽管那个原始的纸带读出器既缓慢又笨拙，但它比之前的方式高级许多（见图 4.1）。

我听说过很早之前要靠信号旗手将数据从华尔街传到费城。这些人站在高处，依靠手中旗帜的摆动来传送股票价格。每个信号旗手从他们前一个旗手那里接收数据，然后再传给下一个信号旗手。哇！在信息时代，这似乎是不可思议的。我很怀疑那样传送的数据是否精确。

如今我们可以依靠电脑、网络链接以及数据源来实时传送数据，我们得到的信息比我们想要的多得多。我们可以收集所有数字、图表，并观察几十种指数。事实上太多的数据让我们很难确定哪些是有用的，哪些是无用的。如果收集到太多的数据，你反而会迷惑，不知道做什么。在本章中，我将解释我使用的指标，以及我如何使用这些指标。在你交易过程中，你可以收集你认为最可靠的指标。在今天，我们至少不会受到信息不足的困扰（见图 4.2）。

第 4 章 盘口解读

资料来源：www.dtitrader.com

图 4.1　股票价格通过小小的纸带读出器进行传送

10:45:46	ES M5	NQ M5	YM M5	TTICK	AX M5-DT	AAPL	EBAY	ZB M5
09:45	1176.00	1458.50	10372.00	-3.47	4311.50	36.9700	34.5100	114.01
08:30	1179.25	1462.50	10389.00	9.45	4318.50	36.6800	33.9100	113.30
09:00	1178.00	1461.00	10393.00	6.07	4315.50	36.9100	34.5700	114.04
09:30	1177.00	1461.50	10382.00	1.32	4314.50	37.0700	34.5880	114.04
10:00	1177.50	1459.50	10385.00	8.01	4317.50	37.0500	34.4800	114.02
10:30	1175.50	1458.00	10369.00	-8.58	4318.50	37.0000	34.3700	113.27
11:00								
11:30								
12:00								
12:30								
13:00								
13:30								
14:00								
14:30								
15:00								
15:30								
10:45:46	ES M5	NQ M5	YM M5	TTICK	AX M5-DT	AAPL	EBAY	ZB M5
COPY->	1175.50	1458.00	10369.00	-8.58	4318.50	37.0000	34.3700	113.27
ETR->	1176.25	1459.00	10376.00	-0.37	4321.00	37.0800	34.4200	113.28

资料来源：www.dtitrader.com

图 4.2　路线图™是我现在的纸带读出器，科技经历了漫长的发展历程

交易是一门艺术

　　交易是一门艺术，而不是一门科学。交易就像最好的芭蕾一样复杂和微妙。事实上，就像芭蕾一样，市场有其独特的节奏。有其上升的节奏，也有下降的节奏。有时市场的节奏非常复杂，所以精明的交易者不会在此时跳舞。如果你想成为好的交易者，你应该学习市场的节奏，并跟上市场的节奏。

　　明白留意哪些数字，以及如何解释它们是需要花费时间和耐心的。如果你不知道股票在何时进行交易以及之后股票的走势，那么只了解股票的交易价格是没有任何意义的。同样为了更好地理解指数，你应该知道它的关键数字：最高点和最低点、在一天和一年的某一时间它通常会怎样以及它的交易历史。

　　如果有简单的规则可以遵循，那么在华尔街获得收益是很简单的。只需要我们学习这些规则、遵守这些规则，然后我们就可以变得富有。科学家可以根据规则工作，将一种已知的物质进行一系列的测试，从而得出鉴定结果。或者科学家可以遵循既定程序，得到已知的结果。科学家总是有行之有效的方法可以遵循，从而反复得到相同的结果。交易却不是那样。它并没有固定的规则可以遵循。市场是动态的，它受世界大事的影响而变化。出现政治动乱、商品稀缺、重大技术突破都会影响市场。但是市场的反应是未知的。事实上，不仅主要事件会影响市场的变动，有时市场会没有原因地出现反转。这就是交易困难的原因。

　　经验丰富的交易者知道需要留意的标准以及这些标准的重要性。这是通过认真观察和经验所获得的。获得这一经验的过程并不容易，在初期甚至会遭受一些经济损失。如果你刚开始从事交易，那么不要期望一开始就获利。当你还在获取经验时，做好承受损失的准备。没有经验的话，你很容易错误地解读数据，从而被误导。但是，你了解得越多，你越会爱上市场的招数。就像跳舞一样，你需要不断练习舞步，观察摆动和起伏，很快你将会跟着市场的节奏摇摆，从而获得利润。

宏观把握市场

一叶障目，不见泰山。我们都听说过这句话，但我们可能不清楚这对交易者的危害。观察一只股票或一种指数，并形成一种观点是很容易的。如果国际商业机器公司的股票上升，那就意味着价格开始回升。或者如果微软股票走低，那么我们应卖掉我们的高科技股，对吗？这种方法很容易，但并不可靠，因为这种观点是在有限的数据的基础上形成的，这些有限的数据并没有放在市场这个更大的环境中进行评估。

为了准确地看盘，你应该把信息放入市场这个大环境中进行分析。我之所以可以把数据放入市场这个大环境中，是因为我随时把握市场的宏观结构。日复一日，我不断观察市场这个大环境，并牢记于心。然后我从大环境入手进行分析，随后细化到月、周、日，最后细化到我此刻的交易。我的分析系统就像站在金字塔的顶端。我的分析逐渐深入到目前的市场和手中的交易。相信我，如果你没有相应的结构或框架，你就无法理解你看到的数字，也不能理解这些数字的含义。你也会跟不上市场的节奏，每一个小的错误都会让你陷入失败的境地。准确地看盘需要你宏观把握市场。

作为交易工具的趋势线

正如你所知的，每年我都会记录今年想要交易的每一只指数、股票或其他市场的开盘价。然后我逐渐记录这一年中每月的开盘价和每周的开盘价，将这些点连接起来形成趋势线。如果趋势线走势向上，我知道牛市坚挺；如果趋势线走势向下，我知道熊不再冬眠。

我曾经交易过许多指数期货。当我考虑标准普尔股指期货合约时，我会将价格与趋势线联系起来考虑。如果市场价格高于年度开盘价，我认为是看涨市场。价格越高于年度开盘价，市场的涨势越强劲。例如，我注意到 2 月、3 月和 4 月都有较高的月开盘价，那么我会认真检查看跌头寸。图 4.3 到图 4.6 是 2005 年初标准普尔股指期货按周计算的月度趋势线。

日期	标准普尔	纳斯达克	道琼斯
01/03/05	1213.50	1628.00	10781.00
01/10/05	1187.00	1570.50	10613.00
01/17/05	1185.00	1564.50	10560.00
01/24/05	1170.00	1510.00	10407.00
01/31/05	1176.75	1513.00	10481.00
02/07/05	1202.75	1537.50	10711.00
02/14/05	1207.75	1536.50	10813.00
02/21/05	1203.00	1518.50	10761.00
02/28/05	1204.50	1513.50	10775.00
03/07/05	1230.00	1540.00	10995.00
03/14/05	1205.750	1516.50	10818.00
03/21/05	1191.50	1492.50	10635.00

资料来源：www.dtitrader.com

图 4.3　主要指数期货的周开盘价

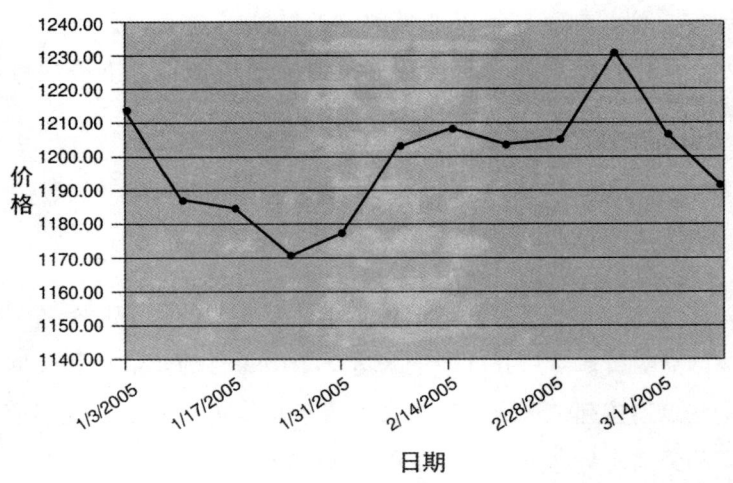

资料来源：www.dtitrader.com

图 4.4　标准普尔股指期货每周开盘价趋势线

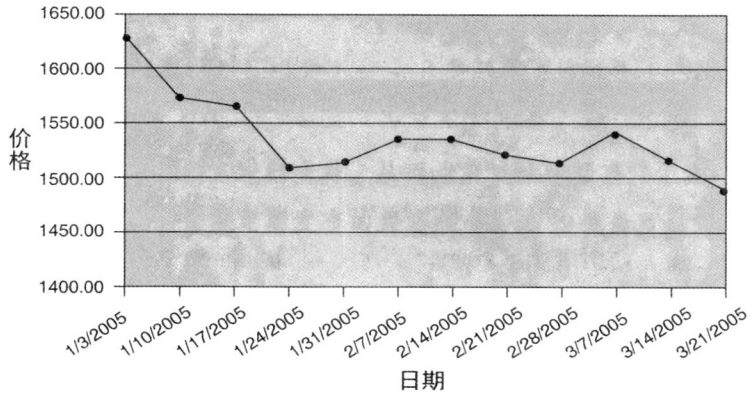

资料来源：www.dtitrader.com

图 4.5　纳斯达克指数每周开盘价趋势线

正如示例中趋势线所示，国内期货指数在 2005 年初出现波动。价格下降，所有指数都未能达到年度开盘价，直到 2 月中下旬。我清楚地意识到，2 月份每周的开盘价都低于年度开盘价。我知道在达到年度开盘价以前，不会出现价格回升。因此，我会谨慎进行多头交易。在 2 月底，股票价格终于超过了年度开盘价，牛市展现出强劲的力量，因此我不想进行空头交易。至少在那一段时间是这样的。

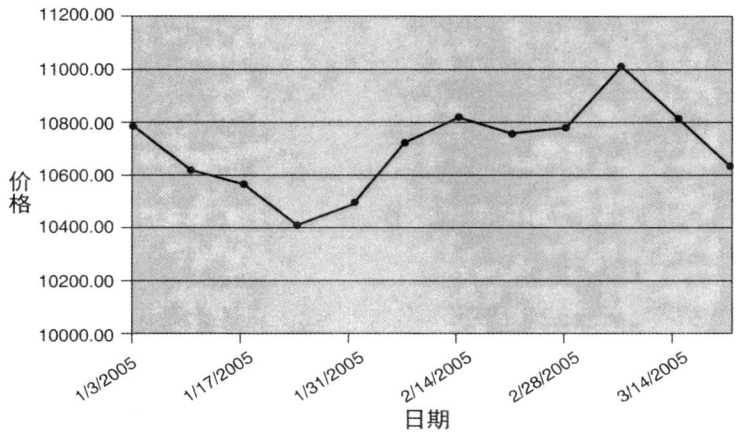

资料来源：www.dtitrader.com

图 4.6　道琼斯指数每周开盘价趋势线

仅仅是因为市场有看涨趋势并不意味着我只进行多头交易。我让数字告诉我该怎样做。每天我都会观察主要数字（见第3章：关键数字），并且阅读指标。我将这些信息放入合适的环境中进行分析。如果数字告诉我卖空，我就会这么做。但是如果市场整体看涨行情强劲，我不会做长期的空头交易。我会利用市场下跌的趋势卖空市场，但我也会准备好在指标改变时，改变我的交易。同样如果我知道市场是看涨行情，那么我会更小心地卖空交易。

通过宏观了解华尔街，我不会被错误的趋势所误导。如果我知道某一趋势与市场格局相反，那么我会更加小心地处理。如果我决定要进行与市场宏观行情具有偏差的交易，那么我会先确认所有指标，那样才能保证我的利润。

有时我会错过赚钱的机会，无所谓，我宁可谨慎交易，也不能轻易地把钱扔掉。如果你错过交易机会，不要担心，还会有其他机会的。这是芝加哥和纽约做出的可以被救赎的事：他们会再一次给你机会。你只需耐心等待机会的到来。通常市场每天都会为每个人提供无数的机会。

不要孤立看待价格

股票和指数几乎不会独自变动。也就是说如果出现一种市场趋势，所有的主要市场将会跟随这一趋势。如果一个或几个市场没有跟随这一趋势，那么你应该小心了，因为你可能会误读指标。例如如果标准普尔股指期货价格上涨，那么其他期货也会价格上涨。如果道琼斯指数期货没有和标准普尔股指期货一样上涨，那么你需要小心此期货。这可能意味着市场的动向只是暂时的，不是真实的。要等待确认之后才能相信这一动向。如果你要在市场偏离时购买股票，那么你就购买少量的股票吧。试探市场，但不要在市场中阵亡。指数和交易所之间的偏差通常会带来麻烦。

例如，如果标准普尔股指期货、道琼斯指数期货以及纳斯达克指数期货的价格都上涨，但德国法兰克福指数期货没有变动，这时候就需要小心了。我许多次都有幸避免了灾难，因为我正确地读懂了迟钝的市场所发出的警告信号。俗话说，物以类聚，人以群分。这句话也适用于市场。通常它们会表现相同的趋势。这是看盘最关键的要素之一。

股票通常也跟随市场的整体趋势和某些行业类股。如果医药领域的股票是看涨行情，那么除非公司出现了问题，否则该行业内的股票价格通常也会跟随这一行业类股的动向。当然也有例外。如果公司出现了管理问题，价格可能会滞后。或者如果有公司即将合并的传闻，股票可能会上涨。但是通常情况下这一规则是适用的。某一领域内大部分股票将会跟随行业类股的趋势。

因此看盘的第一步是将股票价格放在行业内进行解读。如果你在观察微软，那么其他高科技股是什么样呢？如果你在观察微软，那么大部分医药类股票怎么样呢？不要孤立地看股票价格。要把股票价格放在行业，甚至是整个市场中进行解读。

注意关键数字

当你在某一市场中进行交易时，你必须知道该市场的关键数字。上一章主要讲述了这一重要概念。了解关键数字对于看盘是非常必要的。没有关键数字，那么我们就无法正常看盘。你可以参考前面关于关键数字的一章。

使用关键数字来入市，可以防止遭受损失，并且获得利润。举个例子，如果你计划购买某个指数，你不能在其接近主要阻力时购买。同样的，你不能在其接近主要支撑时卖掉低迷的股票。你需要耐心等待，观察市场在达到支撑点时是如何反应的，因为你必须确认下降趋势是否能够突破支撑点。如果支撑点被打破，这才是售出的时候。如果你在一天中的最低点售出，在最高点购买，这才是最糟糕的。

市场通常会走阻力最小的路线。比如说市场会一路下探，寻求最强支撑点。市场会不断地试图打破支撑点，但是在这个位置市场坚定看涨。支撑点不容易被打破。然后你注意到你的许多指标开始从低迷转向活跃，市场似乎充满了活力。这就是买入的时间了。因为支撑点可能不会被打破。

尽管空头试图击穿支撑点，但能量不够。我建议你记下这点：无法继续下跌的市场将会上涨，并且不能上涨的市场将会下跌。这是华尔街的规律之一。

如果你擅长看盘，那么你可以在价格达到最低时购买，然后等待价格一路上升。我的许多学生掌握了此方法，因此他们获得了丰厚回报。但你要确保仔细阅读指数。这种交易需要大量的技巧，否则是非常有风险的，这不是业余交易者的游戏。确保你的舞蹈可以跟上市场的节奏，并且充满活力。

检查主要指标

为了正确看盘，你需要读取市场指标。所有经验丰富的交易者都有可以依赖的指标。每天我会模拟许多市场指标，包括我发现的两个指标。学会理解这些指标将会大大提高你的交易水平。我列出了我发现的指标，并解释了我是如何读取这些指标的。此处指标的讨论顺序无关紧要。

证券上涨指数

美国纽约股票交易所的上涨指数是一个指标，可以反映出纽约股票交易所发行的股票中高于前一天收盘价的上涨指数。纳斯达克上涨指数也是相同的衡量指标，但只是一个纳斯达克指标。我认为这些指标是非常重要的。我认为500是一个重要的数字，可以用来衡量纽约股票交易所的上涨指数。如果500只股票高于他们前一天的收盘价格，通常市场会偏向牛市。除非其他指标有足够的证据表明会出现相反的趋势，我会延迟卖出股票。同样如果纽约股票交易的上涨指数低于500只，我认为市场会偏向熊市。除非市场足够低迷，并且有足够的证据表明市场会反转向上，否则我会谨慎买入。

我一直观察上述两个指标。有时纽约证券交易所上涨指数很明显地呈现一个趋势，但纳斯达克上涨指数却并不是这种趋势；或者相反纳斯达克上涨指数呈现一个趋势，但纽约证券交易所上涨指数却并不是这种趋势。这种偏离需要我们小心谨慎。我们应寻找两个指标反映相同趋势的时机。

正如我上面所说,我认为纽约证券交易所上涨指数和纳斯达克上涨指数是非常重要的指标,在日交易中,我们必须考虑这两个指标。

纽约股票交易所 TICK 走势(简称 TICK)

我参考的另一个指数是纽约 TICK 走势,或者简称 TICK。这一指标反映了纽约股票交易所内上升股票数量和下降股票数量的差值。TICK 是市场动向的主要指标。就像华尔街的转速标准。如果 TICK 是正值,那么市场将会走高;如果 TICK 是负值,那么你应该卖空市场。在 TICK 加减 300 以内是一个中立区,这时不能确定市场的动向。但如果你看到 TICK 加减 1000,市场将会确定出现某一动向。该消息是确定无误的。但是需要注意的是 TICK 指标特别高时可能意味着市场出现超买或超卖。通常市场达到此水平时,它需要休息一下,进行调整。调整可能非常轻微简短,但市场不能长时间维持 1000 的 TICK 指标。在短暂休息后,如果市场有足够的动力,它可能会再次上升。

我将 TICK 指标作为一个指标和标准。我从来不会只参考一个指标。同样我也是相对地读取 TICK 指标。例如 TICK 指标为-450,并且它趋向正值,例如正 200,那么市场就是呈现看涨行情。这一数字不仅反映了市场出现看涨行情,也表示市场强劲。也许市场会出现一定程度的折返。在采取行动前,你需要参考其他指标来确认或否认市场和指数。

TRIN 指标

TRIN 又称为阿姆士指标或者交易指标,这一指标可以衡量交易量和前一天的收盘价。TRIN 是一个比的比率,计算方法如下:

$$\frac{上涨指/下跌值}{上涨量/下跌量}$$

1.00 是中立区。指标越低,那么看涨行情越强劲;指标越高,看跌行情越强劲。TRIN 与 TICK 一样也是一个短期指标。但是与 TICK 不同的是,TRIN 是一个逆指标。随着 TICK 上涨,TRIN 会下跌,反之亦然。TRIN 可能会高达 3.5,也可能会低至 0.30。在 1.20 和 0.80 之间会是一个噪声区,这时没有方向指示。当观察 TRIN 时，你需要看相对价格变动，而不是绝对值。例如 TRIN 为 1.5，并且它移向 1.2，市场会出现看涨行情，即使绝对值呈现看跌势头。

同样，我读取此指标时也会参考其他指标。有时所有市场将会朝某个方向移动。例如如果标准普尔股指期货向上移动一点或两点，其他期货市场也会呈现相同的趋势。但是 TICK 和 TRIN 并不都显示上升信号，它们在讲述不同的故事。我会把手从鼠标上移开，然后密切观察。通过仔细看盘，从而不会轻率地加入潜在失败的行列。

我的指标

在多年交易后，我发现另外两个指标。一个是 V-因素，它记录并反映成交量，另一个是 TTICK。几年前，我发现了 TTICK。这一指标运用了 TICK 和标准普尔股指期货指数动向，并将它们合并在一起。然后它理顺信息，并以数字的形式呈现出来。TTICK 和 V-因素只是我使用的两个指标，它们让我的交易更具优势。

V-因素指标

成交量是一个好市场的重要标志。市场流动性会带来较高的成交量。大部分经验丰富的交易者在交易时会以某种方式使用成交量数据。通常如果趋势明显，那么随着成交量的增加，市场趋势会更加明显。同样如果成交量逐渐减少，那么这时候应该退出市场，因为上升势头可能已经消失了。

V-因素反映成交量，并表示买方和卖方的数量。然后这一比率以数字的形式表现出来。在交易日的关键时刻，V-因素可以被重新设定来检查成交量。并且在交易区或重要时间，V-因素可以被重新设定来检查大多数交易者的偏差。

以下是 V-因素是如何运作的：如果 V-因素为 1.0，那么买方和卖方数量相同。如果 V-因素为 0.5，那么卖方是买方的两倍。如果 V-因素为 2.0，买方是卖方的两倍。我在交易时会观察 V-因素。如果我在市场中处于长线，V-因素表明市场上有大量的抛售，我可能会认真考虑退出交易，或减少股票持有量。使用你喜欢的程序或方法，但交易时注意观察成交量，并注意成交量是否波动。如果成交量波动，那么可能会潜藏着某个问题。

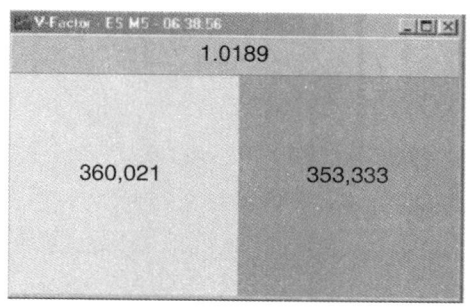

资料来源：www.dtitrader.com

图 4.7　我利用 V-因素来帮助模拟成交量

TTICK 指标

几年前我发现了这个每日必用的指标，我把它叫做 TTICK。我将从 TICK 所获得的信息与标准普尔股指期货结合起来，形成了 TTICK。TTICK 从 +30 到 -30。+10 是市场坚挺的表现。如果 TTICK 达到 +20，市场可能会出现超买，因此是时候退出多头交易了。同样 -10 是看跌行情，-20 时最好退出空头交易，因为市场可能会出现超卖。

我在交易中使用 TTICK。我将它与其他指标联系起来，从而指导我的交易。例如，如果 TTICK 达到 +10，我会购买股票或者期货。TTICK 继续上升，达到 +15，市场便真的上涨了。然后指标突然反转，TTICK 下降到 +5，我会退出头寸交易。TTICK 向我发出信号：市场已经反转，是时候退出交易了。通过观察 TTICK，我可以更好地衡量入市和出市的时间。与其他指标相比，TTICK 给我和学生带来了更多的利润。如果市场数据很模糊，那么我会将 TTICK 作为最终的判断标准。

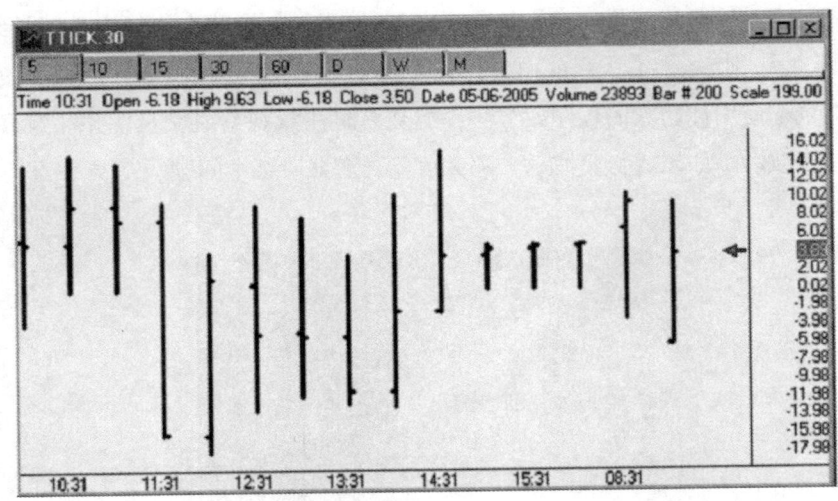

资料来源：www.dtitrader.com

图4.8 我密切关注的指标之一是TTICK，这是我发现的指标，我相信它可以大大增强我的交易

你并不是必须使用我的指标。你可以找到对你有用的指标，并且学会使用它们。交易者使用市场指标就像医生使用温度计，它能让你知道是否出现了亟待解决的问题。如果一切正常，指标也会反映出来。

时间的重要性

当我看盘时，我也会考虑一天中的时间。在交易方法中我用了一章的篇幅来讲述如何利用时间，我不认为这是多余的。但是看盘时，时间也非常重要。例如，如果我看到市场在下午1:45打破了关键数字，我可能不会吃惊。我知道这一时间是所谓的"死亡之时"。市场在这段时间是非常波动的。因为债券将要关闭，此时市场通常发出错误或短暂的信号。如果这不是我的交易区，我很少进行交易。通常在交易日的某些时候市场会非常难理解，这时进行交易很容易蒙受损失。因此记住时间就是一切，当看盘时牢记时间的概念。我相信第二章所说的交易区通常会提供最好的交易机会。因为我发现这段时间更容易准确看盘，并且紧随市场趋势。

相信数字

只要从事交易的人，不论从业时间的长短，都明白数字才会告诉你真相，不要受你先入为主的观念或你的情绪的影响。如果数字和股票大盘告诉你要买空，并且时间也合适，那么就这样做吧。忘记你的想法，你的想法是无关紧要的。市场并不关心你的想法，你只需要留意实际发生了什么。通常交易者会考虑市场应该发生什么，然后再计划其一天的任务，通常这种交易都会损失惨重。我们应该将我们的观点和偏见放在一边，让数字说话。不管你相信与否，我的弱点就是经验不足。有时我看到曾经见过的模式，我形成了关于市场的偏见，从而判断市场将会发生什么。这就是灾难。不要对市场形成偏见，读取并相信数字。

回顾

交易是一门艺术，随着时间的推移不断地得到完善。成功完成交易是不容易的。一些人可能会向你灌输一种看似简单实用的系统。这种系统可能在某些市场条件下或在某些时间起作用。但是不要期望这种系统可以长时间地帮助你交易，因为市场是动态的、不断变化的。交易是很复杂的。赢得这场游戏的唯一方式就是学会看盘，并且准确地看盘。不断地学习才能做到这一点。市场有其特有的节奏，你必须了解支撑点和阻力点、关键数字、最好的交易时间以及市场指标，以便可以跟上市场的节奏。

记住你不能孤立地读取股票报价、指数价格或市场指标。股市大盘必须放在市场这个大环境中进行读取。你必须时刻保持对市场的宏观或长期认知和短期或现在的认知。这是你准确看盘的必要条件，因为你只有将数字和指标放在市场中才能正确读取。从复杂的指标和市场中看清你应该怎样做，如果出现偏差，那么停下手中的交易吧。

同时交易和读取指标要在正确的时间进行。时间是非常重要的；指标读取在上午9:00是一种含义，在下午1:30可能是另一种含义。你要结合时间进行理解。

当你读盘时，在脑中形成对市场的宏观认知，确保你清晰地了解市场的结构。从宏观分析入手，逐渐细化到你交易的时刻，就像步兵瞄准目标一样，确定你的位置和目标。

记住，股市大盘才是一切。学会准确地看盘，你才会赚钱。

经验总结

☆看盘是一门艺术，而不是一门科学。

☆市场有独特的节奏，要紧跟市场的节奏。

☆不要孤立地读取指数价格或股票价格，将数据放在市场这个宏观环境中理解。

☆相信指标，而不是你先入为主的观念。

☆在看盘时注意关键数字和时间。

第 5 章　交易不相信眼泪

成功地进行交易需要许多技巧。一个好的交易者不仅要了解关键数字，知道关键数字的重要性；还要有效地利用时间，准确地读懂股市大盘，并正确地解读市场指标。但是做到这些仍然不足以成为一个成功的交易者。如果你想在交易游戏中获得成功，你必须控制好情绪，并且保持情绪稳定。不管你相信与否，情绪同准确分析一样在交易中发挥着重要的作用。感性战胜理性将会摧毁你的交易。正确地分析市场是远远不够的。情绪稳定才是至关重要的。意识到这一事实，并且掌握交易中处理情绪的策略。

当你在线交易时，你可能会赢也可能会输，但这是你不能预测的。你可能认为你的情绪不会受市场的波动影响，但是我向你保证，情绪的强大力量以及控制情绪的困难是超乎你想象的。贪婪、害怕以及傲慢是交易过程中你必须面对的三个最具摧毁力的情绪。

许多交易者不明白此游戏的这一方面。他们完全低估了情绪的强大影响力。情绪成为他们的致命弱点，把他们伤得体无完肤，以至于不能成功。

不要贪婪

一些交易者，甚至是大部分交易者都会有不切实际的幻想。"今年我计划每天至少赚 1000.00 到 2000.00 美元。"许多年前，我的一个新学生安迪（Andy），便以此作为目标。我告诉他这个目标太高了。我甚至直接地告诉他这是不切实际的。他是新手交易者。他应该进行风险管理，并不断磨炼自己的交易技巧。他还需要继续学习，要耐心一点，定下合理的目标。不幸的是，他没有听从我的建议，继续幻想在股票市场上一夜暴富。我看到安迪许多次都成功地完成了交易。他的分析是正确的，并且市场也给予了他相应的回报。但是安迪没有提取相应的利润。他想要得到更多，所以他继续交易股票来盈利。市场并不关心安迪的愿望。他获得了利润，但却没有提取利润，最终市场走势与其预期相悖，导致其蒙受损失。由于他的贪婪，尽管他交易成功了，但却蒙受了损失。

　　关于交易，有一点我是很确定的，那就是交易就像生活一样：设定实际的、可实现的目标是成功的秘诀。在市场上太激进会把你的资产置于危险的境地，并且导致你无法继续进行交易游戏。当进行交易时，你要设立实际的利润目标，并且取出利润。记住你交易的目的是赚钱。务必要努力得到回报。这不是说你要满足于几分钱的利润，而是要通过适当的分析，明白什么时候该提取利润，并按时把利润提取出来。请记住你的目标是成为一个长期的交易者，进行不计其数的交易而不是一次交易。因此设立实际的、可实现的目标，从而获得合理的利润。

　　我的另一个年轻学生在交易账户中存了很少的钱。他只有几千美元，但他似乎很具有交易的天赋。通常他可以准确预测市场的动向，然后在正确的时间入市，从而扩大了他的利润。但是最终他也蒙受了巨大损失。因为他不知道何时退出交易。他没有太多的钱，而市场让他变得贪婪。有一次，我看到他利用小账户在一个早上赚取了2000.00美元。那样的回报几乎是闻所未闻的。但是他仍然不满足于如此巨大的回报，他想要更多。在经历了如此不可思议的早上之后，他开始冒更大的风险在下午进行交易。很多次在交易日结束后，他是赔钱的。他损失了早上赚的利润。他很有交易者的潜力，但他太过贪婪。他的贪婪让他开始进行风险交易，并最终耗费了其账户资金。最终他不得不放弃交易，是贪婪毁了他。

　　不要贪婪，这是华尔街的基础课程。当学生进入课堂时，我们首先讨论目标。我问他们的利润目标以及财务预期。至少会有一个学生的期望是开立10000.00美元的融资融券账户，并且在一年内赚一百万。这些交易者都不明白市场中赚钱的技巧，而且他们没有考虑风险。在交易者中流传着一句俗语——猪被养肥，是为了被宰。贪婪会毁了交易者。贪婪让我在1987年经历了巨大的失败。那时我沉浸于赚钱中，忽略了风险。我为我的贪婪付出了代价。

在交易中抑制贪婪是很难的。当市场按照你预期的方向进行时，你很容易变得贪婪。扩大每一次交易机会，并且从市场中赚取每一分钱是人的本性。出于本性，交易者便成了风险承担者。他们意识到市场是有钱可赚的。他们知道市场每天都在波动。它无须经过数学天才般的计算，只要紧跟市场趋势做好右侧交易，就能赚很多的钱。标准普尔股指期货的平均价格是不断变化的，但通常只是在 11 到 16 点之间。有经验的交易者会在早上多头市场的最低点购买股票，然后随着市场价格的不断上升，在达到日交易价最高点时出手，从而获得巨大的回报。以 1200.00 的价格购买 1 笔电子迷你标准普尔股指期货合约，然后在 1210.00 时售出，从而获得收益 500.00 美元。如果是 10 笔合约（5000.00 美元），市场利润的诱惑是不可否认的。

新手交易者通常只关注增加潜在利润，从而没有考虑到其负面影响。在上述例子中，如果没有顺应市场趋势，那么 5000.00 美元的利润将会付诸东流。不要忘了你只有成为成功的交易者才能获得利润。当然事实并不总是如此，即使经验丰富的交易者也会失败。

我获得了法律学位。法学博士学位花费了我三年的时间。学费是很贵的，花费在读书、调研和写作上的时间也数不胜数。杰夫·史密斯（Geof Smith）是我的商业伙伴，也是我交易机构的指导老师，他获得的是工程硕士学位。在获得那个学位之前，他也向教育机构支付了大量费用，并花费了许多年来研究和工作。但是新手交易者认为他们可以在不付学费和没有经验的基础上，一夜之间在市场中赚几百万美元。这简直是异想天开。金融市场就像法庭、手术室或者会议室，接受教育、培训并具有相应的经验才会获得回报，而缺乏经验和无知是要付出沉重的代价的。

贪婪不仅使交易者幻想从市场中获得更多，而且也会蒙蔽交易者的双眼，让他们看不清事实真相。贪婪的交易者想得到无尽的利润。他们总是认为下一次交易将会给他们带来利润。这些交易者坚定地认为他们在市场中的交易是完全正确的，并且市场将按照他们预期的方向发展，即使指标清晰地显示市场的发展方向与其预期完全相反。市场可能会明确地警示他们，但是贪婪让他们丧失了理性，让他们冒险进行本不应该进行的交易。如果他们可以控制贪婪，那么他们会正确地分析市场，等待合适的时机进行交易。不要让你的情绪影响你的分析。作为交易者，通常我们会将我们的偏见强加到市场中，这是错误的做法。我们大部分人都只是巨大屏幕上的小角色。大机构可能会对市场施加一定程度的影响，但我们却不能。我们基本上只能紧随市场趋势。华尔街根本不关心我们的想法。

谨记贪婪不会让你获得回报。它对麦德斯（Midas，希腊神话中能点石成金的国王，因贪婪被自己点化出来的黄金埋没窒息而死）不起作用，对你也不起作用。

恐惧是一个消极因素

贪婪并不是新手交易者的唯一陷阱。恐惧也是非常常见的。小心驶得万年船，但过度小心，让恐惧征服你也是非常致命的：它会将你麻痹的。交易需要冒一定的风险。害怕冒风险的交易者是永远不会成功的。那样交易者会犹豫不决，从而做出错误的行为。如果交易者太过恐惧，他会停滞不前，从而无法进行交易。即使发出了买入或卖出的信号，交易者也不能点击鼠标。

以下是恐惧如何让交易者蒙受损失的案例。一个充满恐惧的交易者以1202.00的价格购买了10笔电子迷你标准普尔股指期货合约。指标显示这一行为是正确的，并且市场开始上涨。电子迷你标准普尔股指期货上升到1202.50，该交易者非常高兴。然后价格上涨到1203后，该交易者自信他会是一个大赢家。但稍后上升趋势稍稍回落，出现了一些阻力。卖方进入市场，随后市场回到了1201.25。指标显示什么呢？指标仍然显示绿色买入信号，并且显示市场呈现上涨趋势。如果市场降到1199.00会怎样呢？该交易者的每笔合约会损失150.00美元。但现在该交易者仍然是赢家，并且指标仍然显示他/她的行为是正确的，但是他/她害怕损失。也许指标错了。也许交易者计算错了。恐惧突然占据了他/她的内心，在没有进行进一步分析的情况下，他/她点击了鼠标并退出交易。该交易者10笔合约共损失350.00美元以上。

就在他/她结算交易几秒后，市场恢复上升势头，价格升至1205.00。分析是正确的，但恐惧带走了那笔利润。即使指标支持这一交易，并且市场没有显示该交易者的交易行为是错误的，但他/她却认输了，因为该交易者不能控制情绪。恐惧遮住了他/她的双眼，该交易者将不错的利润换成了亏损。恐惧赢得了这场战争。

不要期望交易总是按照你设定的方向进行，这样你会蒙受损失的。没有交易者可以一直做出正确的决策。准备好接受损失，并及时处理这笔损失。任何关注市场的人都知道市场不会在短时间内持续朝一个方向变动。在交易日中，市场会上升几个点，然后回落几个点。市场朝一个方向的变动可能会强于另一个方向，但总会出现一些巩固或纠正趋势。成功的交易者必须学会市场每次出现相反的变动时不要惊慌。关键是要正确地读懂市场，并看到其正确的趋势。适当的止损点将会帮助你做到这些。

在阻力线和支撑线稍高或低的位置设立保护性止损点。计算出如果达到止损点，你将会在交易中损失多少钱。如果保护性止损点将你赶出市场，那么你应该谢天谢地，因为如果保护性止损点的位置是正确的，那么此时你的交易行为是错误的，如果继续交易你将会蒙受损失的。你需要退出交易。

恐惧也可以削弱人的力量，从而迫使你离开市场。一天，市场不断下跌，就像一块巨石从陡峭的长坡中滚落下来，我注意到在整个交易日中，我的一个学生并没有卖出任何股票。她以前从来没有进行交易，但即使是不熟练的交易者也知道行情正在下跌，只有卖出所有的股票才能保住资金。但此时她并没有进行任何交易。

我很奇怪地问她为什么会错过机会。伊恩怯懦地回答道："我看到市场不断下跌，指标也非常低迷，支撑点一次接一次地被打破。我看到了这些。我想卖出一些电子迷你股，但我只是不确定这样是否正确。我非常害怕自己会犯错，以至于不能进行交易。"恐惧偷走了她的利润，从而使更自信的交易者有机会赚更多的钱。

市场是充满风险的。通常越具有风险的投资，其潜在的收益就会越大。成功交易的关键是明白何时成功的概率更大，并在交易中运用此知识。你必须精细地估算风险。不要只有勇气，没有谋略。也不要被恐惧牵制住。估算好你要承受的风险，这才是这个游戏的关键。

傲慢也是很昂贵的

傲慢也是一些交易者存在的问题。他们明白市场的走向，但如果市场出现另一种走向，他们甚至都没有察觉，因为傲慢遮住了他们的双眼。他们不愿面对现实，以至于不能对周围世界发生的事情做出回应。

我以前也曾有过这个问题。我买一些股票，例如国际商业机器公司的股票，如果国际商业机器公司股票价格下跌，我会买更多的国际商业机器公司股票。如果持续下跌，那么我会继续购买。这种交易方式叫做降低平均价，不管你相信与否，这是数以千计的交易者所使用的方法。事实上，这也是我使用了数年的策略。

我还记得最后一次使用该策略的过程。那一天我正在交易标准普尔股指期货。那时我通常将订单分三次下：首先我购买我的前三分之一。市场的动向与我预期的相反，因此我赔钱了。我开始恐惧了，但我拒绝承认这一点。我又买了三分之一，市场继续下跌，然后我继续赔钱。我越来越焦躁，并且对我的策略被破坏感到惊慌。我的手心都出汗了，但我坚持我的计划，最后我傲慢地买了最后的三分之一。我的损失变得越来越大，我开始不舒服了。

很显然，这一天熊市占据了市场，市场不断地下跌。我的损失每一秒都在增长，但我仍然持有该股票，等待出现反转，并且我坚信一定会出现反转。我不会向恐惧屈服，我坚持原计划，不论发生什么。毕竟我是专业交易者，我知道如何分析市场，不是吗？我只需要给市场时间，时间会证明我的想法。我只需要持有这些股票并且耐心等待。这不再是一次交易，这是一场战争。

我等待这市场出现反转,从而按照我的计划发展。我紧盯着交易大厦上无穷无尽的损益表。我看到我的损失在不断地增加,然后我开始冒汗,我的胃里不断翻腾。我原来的傲慢被恐惧和惊慌所取代。没想到我做出了错误的决策,我也没有应对恐惧的计划。我感觉自己已经麻目了。我就像一个行人,站在街角看到汽车向我撞来,但是我却无法让开,我只能坐以待毙。

那一天,市场并没有反转,最终我蒙受了巨大的损失,这一事实严重地打击了我。我不能否认这一事实,我错了!我成了熊市中的一头牛,而我不能原谅我的过错。我在输钱的头寸上不断加码,因此我的损失不断增加,从而让自己越陷越深。这一天我无法忘记。

有时交易不可避免会失败。没有哪个交易者是完美无缺的。即使你认真地读了指标,反复检查了所有事情,并且得到了其他分析家的赞同,即使所有信息、统计和理性都显示你的持仓是正确的,但有时你也会失败。那么你应该接受你的失败,并分析你的失败。虽然这听起来很奇怪,但学会如何失败就学会了如何成功,因为我们所有人在某些时候都会是失败者。你必须知道如何处理失败,以便不会被失败打倒。成功的交易者会从长远的角度来看待失败并坚持奋斗。他们不会忽视错误,他们从失败中汲取经验教训,然后变得更加完美、更加强大。

我的一个好朋友大卫(David),他像我一样喜欢交易。他是一个具有远见卓识的思想家,并且他有很好的交易记录。2000年1月,大卫告诉我他认为市场会出现一次调整。他坚信市场已经见顶,我们即将面对市场下跌。他非常坚信这一观点,因此他毫不犹豫地进行空头头寸。他没有制订计划,没有设立止损点,只是坚信他是正确的。那时大卫说到他的分析是正确的,不管日交易市场走势如何,他都会持有这些股票的。他坚信时间会证明这一切。当他的预言发生时,他将获得巨大利益,成为交易界的英雄。

我提醒大卫要小心交易。我告诉他不要在没有止损点的情况下,以这种要么一夜暴富要么一无所有的方式进行交易。但是他不接受我的劝说。

日复一日，大卫的预言被证实是错误的，市场不断上涨，而不是下跌。但是大卫却仍然坚持其观点。即使所有的指标都显示买入是错误的，但他仍然提高平均价格，并继续增加其空仓持有量。数月来，大卫坚持实施其计划，因为他不想被市场吓倒。随着价格的不断上升，大卫的损失不断增加。最终，2000年3月24日，经过漫长而又痛苦的几个月后，纳斯达克指数打破纪录，达到了4884，这是有史以来最高的价格。大卫不得不以最高的价格卖空，他损失了50多万美元。现在大卫开始使用止损点，这一教训让他记忆深刻。

大卫在那几个月中所经历的煎熬让我记忆犹新。我记得他最后不得不补仓时的痛苦。他不得不以交易日有史以来的最高价买入。对他来说，这是非常痛苦的经历。

不要太傲慢，以至于不能发现错误，以及解决错误。如果傲慢占据了上风，那么你就输了。如果大卫使用了止损点并且不那么傲慢的话，他可以避免很多痛苦、煎熬以及经济损失。

制订退出计划

1987年，我没有制订退出计划。这是我生命中最糟糕的单日，因为我完全受制于市场。我花费了6年的时间来平复我的情绪。最后我才可以分析过去的错误，并承担相应的责任。我意识到我的问题不是市场引起的，而是我引起的。我没有制定退出策略。我没有考虑到一般的风险以及隔夜交易风险。从那时起我会特别留意风险，在交易时制订相应的退出计划。

控制情绪的技巧

多年来，我掌握了许多处理情绪的技巧。我找到了一些既能处理盈利交易，也能处理赔钱交易的方法。如果你没有掌握有效的策略来处理贪婪、恐惧和傲慢，这些情绪会带来毁灭性的后果。

第 5 章 交易不相信眼泪

设定可行的利润目标，并及时获利了结

所有交易者必须设定可行的目标，并且获得与其经验和风险容忍度相适应的合理利润。如果钱没有投入市场，不要担心，还会有其他的交易机会来赚钱。如果市场与你背道而驰并且你的利润将要消失，那么不要继续持有你的股票了，为你的辛苦留点回报吧。

不要期望每一笔交易都能赚钱。看一下这个例子。你将 10000.00 美元放入保证金账户交易期货指数。你的账户一天平均盈利 50.00 美元。有时你赚得多，有时你赚得少。有时你也会赔钱，但是你对风险和损失进行管理，使平均盈利为 50.00 美元/天。假设你在一年中交易 235 天，那么一年下来，你至少赚了 12000 美元。这就意味着你的投资翻了一倍。任何投资都不能带来如此丰厚的盈利。

交易是一种业务。那就像对待业务一样对待它吧。没有人想整天辛苦工作，但却两手空空地回家。不要让贪婪掠夺了你的利润。如果你结算股票后，价格开始上涨，这没什么大不了的。因为今天你已经赚钱了，你已经从技能中获益了。

不要在没有保护性止损点的情况下进行交易

做最坏的打算，在没有保护性止损点的情况下不要进行交易。这一点是非常重要的。每个交易者都会犯错。当你犯错时，你肯定希望能够降低风险，从而保护你的资本。在进行交易前，确定一个点，价格到达此点时你会明确知晓你犯错了。如果价格达到此点，你会损失多少钱呢？你想利用那个机会吗？如果你想并且能够承担一定风险进行交易，那么将你的保护性止损点设在正确的位置。如果市场达到了止损点并将你赶出市场，那就这样吧。你犯错了，市场会告诉你的。在没有止损点的情况下进行交易会将你暴露在无法确定的无限风险中，这是你负担不起的。

2001 年 9 月 11 日早上，我正在市场内。我是长线，并且在适当的位置设置了保护性止损点。交易看似非常顺利，并且我也盈利了。很快市场出现反转，并达到了我的止损点。我不知道为什么。我让一个人帮我查看

一下新闻，看看是否发生了什么事情。即使我没有听到什么消息，但市场似乎在诉说着什么。一旦消息传开了，这对市场来说是毁灭性的。我告诉你这一点的目的是告诉你我的保护性止损点挽救了我。我不是赤裸裸的交易。我知道支撑线在什么地方，并且我知道如果支撑线被打破，我要退出市场。不要在没有保护性止损点的基础上进行交易。

两分钟规则

如果交易是亏损的，那么我常使用的另一个策略是两分钟规则。如果我的交易是盈利的，我会在两分钟内知道，因为我正在赚钱。一个好的交易通常会很快让我收到回报。因此如果我进行交易后，指标犹豫或出现变化，并且我没有获得回报，那么我会观察钟表。我在路线图软件中设置了一个钟表，因此我可以点击它，并设定交易时间。如果你不使用该软件，可以用煮蛋计时器、沙漏或普通的钟表等。

在两分钟结束时，如果交易没有盈利并且我对此也感到不乐观，那么我会退出交易。那如果交易最终盈利了怎么办？宁可谨慎，也不要让市场夺走你的钱。退出市场然后等待更好的机会吧。因为还会有其他交易机会的，你只需等待它们。没有必要在不盈利的交易中亏损你的资本。这样考虑一下：每一个交易只是你日后计划的交易的万分之一而已。保护你的资本，以便你可以成为游戏的获胜者。

计划好入市点、出市点和保护点

另一个控制情绪的技巧是计划。这是我的策略。在进行交易前，我设立利润目标。当达到这些目标时，我将这些钱存入银行。我也知道在何处设立保护性止损点。如果我决策失误，那我会损失多少钱呢？如果我错了，市场将会通过打破止损点来告诉我。我知道不是每一次交易都会成功，我已经为此做好了准备。既做好了赢的准备，也做好了输的准备。你必须从你的损失中吸取教训，并消除你可以控制的错误。

回顾

　　思想是非常强大的。它可以控制我们的情绪和行为。科学家每天都研究思想的作用以及思想是如何起作用的。脑波是很强大的,以至于它们可以移动电脑鼠标。这是正确的。科学家发明了一个设备,使得四肢瘫痪的人可以通过集中且规律的大脑活动与电脑进行交流。这是令人惊讶的。我们都知道大脑控制着我们的感觉以及我们对感觉的反应。但是大脑控制身体之外的东西是超乎想象的。这是精神战胜物质的真实例子。

　　情绪和思想在交易中发挥着重要作用,但许多交易者并没有意识到这一点,也没有有效地利用这一点。不要期望脑波让市场上升或下跌,也就是说单纯的集中精神并不能让失败变为成功。思想是很强大的,而且思想产生的情绪对交易的成功与否发挥着重要作用。不论你是否相信,这都是事实,许多交易者是心理作用摧毁了他们的交易,但他们却并不知晓。他们在交易时,没有为席卷而来的情绪做好准备,因此他们不能正确地处理这些情绪。

　　当你的银行账户上线时,你将会经历贪婪、恐惧和傲慢等情绪。你会以多种想不到的方式回应这些情绪,甚至有时你会采取非理性的自我毁灭行为。作为交易者,你必须做好最坏的打算才能获得成功,就像喷气式飞机飞行员必须为引擎故障做好准备一样。在你交易成功或失败时,你必须察觉到你将产生的情绪,并且为处理这些情绪做好准备。形成具体策略以应对市场变动给你带来的情绪。如果你没有意识到交易中情绪的强大力量,并且没有做好处理这些情绪的准备,那么你必将会失败。

　　不要让担心或上一次交易失败带来的悔恨毁掉你以后的交易。如果你想成为一名长期的交易者,你会有数百甚至上千个交易机会。努力提高你的技能,为下一个大机遇做好准备。享受交易成功所带来的乐趣,并且避免贪婪、恐惧和傲慢让你输个精光。最好的交易是你可以随时改变,并养成赢家的习惯,从而成为未来的成功者。

　　很多年来,我像所有交易者一样,与恐惧和贪婪作斗争。有时我获得胜利，而有时恐惧或贪婪胜出。如果你察觉到你的情绪，并认识到情绪的强大力量，那么你已经向前迈出了一大步。然后当你账户上线时，你需要运用具体的策略来处理这些毁灭性的力量。如果你成功地做到这些，将大大提高你成功的概率。

经验总结

☆ 多学习，时刻做好准备。

☆ 不要贪婪，赚取适当的利润。

☆ 克制恐惧，不要让恐惧拿走你的利润。

☆ 你可能错了，如果你错了，承认错误并退出交易。

☆ 不要在后悔中浪费时间和精力，不要要求自己成为完美主义者。分析你的错误，从中获取经验教训，然后继续前进。

第6章　不打无准备之仗

迷茫是一种非常糟糕的感觉。没有有效策略的交易者能体会到这是多么困惑不安，因为他们每天都是迷茫的。他们的交易毫无成果，他们很奇怪为什么他们的交易会带来损失。因为他们只是急切地进行交易，却不知道如何停止交易。这些失败的交易者在市场中像喝醉的水手掌握着轮船一样毫无目标和方向——最终只能破产。

制订计划

没有计划的交易让我想起了青少年时期在亚拉巴马州塔斯卡卢萨郊区的日子。我非常仰慕的几个表哥住在那里。他们比我年长几岁，因此他们可以做很多我不被允许的有趣事情。他们可以偶尔和漂亮的女孩子约会、开飞车、偷偷抽烟或者喝酒，通常这些事情都是我内心无比渴望的事情。那时我只是个小孩，跟在他们屁股后面，被他们取笑。因此我总是努力向他们展示我是多么强壮结实。

一个夏天的傍晚，我得到了展现自己的机会。那时我去拜访他们，然后我们决定找点乐子。夜晚降临时，我们来到了当地的保龄球场——利兰球场。我努力在这些大男孩面前表现自己，因为我感觉自己被接纳就已经很重要了。在球场玩了几个小时后，我们准备回家。但是当我们走出来时，附近一辆货运列车的隆隆声吸引了我们。我们走到轨道边，想近距离看一下这辆缓慢移动的火车。轨道深深地吸引了我们。这时我的表哥基斯（Keith）和罗德（Rod）说像小时候那样搭乘这班列车到附近的高架桥去。这听起来很有趣，但我从来没有这样跳上火车。我既害怕又高兴。我的手开始出汗，心脏怦怦直跳。我努力劝说自己：只是搭乘火车而已，而且火车开得非常慢。我可以安全地跳上火车。这很容易，也很有趣。

突然我表哥们抓住了这辆破旧的火车上的一个梯子，然后消失在夜色里。我有点犹豫，但铁路吸引着我，就像一块大磁铁吸引铁块一样。如果我跳不上火车，那么我会被表哥们无休止地嘲笑。而且我会错过这件有趣的事情。我必须跳上这辆车。然后我迅速地抓住了下一节车厢，并跳了上去。当时我脑海中只有跳上火车这个念头，根本没想接下来会发生什么。

很快我意识到问题的严重性。我看不到表哥们，我从来没有去过那个高架桥。我不知道我们要走多远，也不知道到达高架桥后如何回家。最重要的是我不知道我要去哪里或者到那里后怎么做。

另外，我穿的衣服也不合适。我穿了一双不合脚的鞋子，所以我不停地从旧铁梯上滑落，我必须不断地调整自己。每次当我刚刚固定好脚时，我就会遇到颠簸或转弯，我的脚又开始滑落。当火车在夜空中行进时，我感觉非常寒冷，此时我多么希望能有一件夹克呀！寒冷刺骨的夜晚，我们正在一片茂密的松树林中穿梭。此时周围一片漆黑，我开始想象在灌木或松树后有野生动物和怪物。

火车越来越快，而我也越来越疲惫，因为我必须抓住火车。我悬挂在这个破旧的火车上至少走了25英里或者更多。我紧紧地抓住火车上梯子的横杆，并且不断地思考该怎么做。我想跳下车，但地面飞速地往后退，而且我不知道我在哪里。我只能拼命地抓住火车。我知道随时会发生可怕的事情。

我紧紧抓住火车，并且不断地寻找那个高架桥。我仔细倾听表哥们的声音，希望听到他们在隔壁车厢里的笑声。当然我是无法听到的。随着时间的流逝，我甚至怀疑他们是不是死了，他们是不是从火车上掉下来，被压死了。

放眼望去只有我自己，没有人可以帮助我。我感觉自己坚持不了多长时间了，特别是火车在不断地加速。我决定尝试着爬到车顶，因为我觉得那里是安全的。我小心地向上爬梯子，一次一节。慢慢地我到达了车顶。然后我寻找可以抓住的地方。我向外伸出双手，努力抓住什么东西，并且悬挂在那里。我躺平下来，尽力抓住火车。风在我身边呼呼地吹着，我非常害怕。火车不断地剧烈震动，我的身体也不断地从一边滑向另一边。如果这样的情况还不够糟糕的话，我突然发现前方出现了隧道。我紧贴着车顶，将身体压低，并在心里默默祈祷。我感觉自己就像虫子一样将要被压扁，然后痛苦地躺在破旧的吱吱作响的铁片上。我屏住呼吸，紧紧闭上双眼。

我不知道我在火车上待了多久，就像好几个小时一样久，最后我看到了城市的灯光。当我到达城市后，我试图寻找身边可辨别的地标和事物。最后我看到了杰弗逊·戴维斯旅馆的标志。我误以为到达了蒙哥马利。当火车终于停下时，我已经筋疲力尽了，我的血管和膝盖都软弱无力，但我仍然战战兢兢地跳下火车。我漫无目的地走着，不知道要去哪儿，但要离开这个轨道。我没有方向感，连说话的力气都没有了。

此时我非常狼狈。头发上沾满了油渍。脸上也黑乎乎的，满是污垢和煤烟。我的衣服上也是灰尘污垢。在寒冷的黑夜里，我瑟瑟发抖。更让我悲伤的是，我担心表哥们已经死了，他们躺在茂密的树林中，或者被压断在轨道上。我一直走，想要离开轨道，我感到眩晕，但仍然努力分析周围的现状，并努力想应对办法。我怎么回家才能不让父亲知道我今晚所犯的错呢？我父亲不会这么愚蠢的。我闯大祸了，真的是大祸呀！

我一直认为我在亚拉巴马州蒙哥马利，但实际上我是在蒙哥马利以北120英里的伯明翰。在我走了不远后，一辆伯明翰警车在我身旁停了下来。警官问了我许多问题，我的回答让他们发笑。我知道我将要面对父亲的愤怒了。也许表哥们的"故去"让他们得到了最好的解脱。

我不得不打电话给父亲，告诉他今晚发生的事。因为警官让我打电话，我别无选择。我告诉父亲基斯和罗德可能已经去世了，他的反应就像他们真的过世了一样。他拒绝来伯明翰接我，或者给我任何帮助。我没有得到同情。他只是对我说："去长途汽车站坐车回来。我今晚不会去伯明翰的。你自己犯的错，需要自己解决。"

在回去的路上我一直在想怎样向姑姑解释他们的儿子死了这件事；他们残缺不全的尸体躺在塔斯卡洛斯萨和伯明翰之间的松树林中。我对这次冒险行为感到后悔，并发誓我一定会改过自新的。

汽车开了好几个小时，我的恐惧也不断增加。当我到家时，我眼中含着泪水，脸就像老猎犬一样长。令我吃惊的是，我表哥们已经在家了，他们见到我后不断挖苦我。即使他们不断地嘲笑我没有及时抓住火车，最后还被警察逮住了，但我能活下来并且回到家中还是很幸运的。我再一次成了笨小孩，因为我毫无计划的行动让我感到无助和煎熬。迷茫和无助是我们都不想经历的。

有策略地制订计划

交易是一种业务，就像其他业务一样，你需要制订相应计划。你不能在森林中迷路。你不能在没有计划的前提下开零售店或者制造工厂，同样你也不能在没有计划的前提下开始交易。首先你应自问一些经济问题，并诚实地回答。你要投资多少钱？如果这些钱损失了，你能负担得起吗？你计划从投资中赚取多少钱？这样的利润合理吗？你能立即赚到钱吗？如果不能，那么你期望什么时候盈利呢？如果将资金投到别的地方，你可以赚更多的钱吗？你整体的资金状况是什么样的呢？如果交易遇到问题，你能避免吗？这些问题非常重要，因此你要认真问答。

同时你还要考虑情绪因素。如果面临风险和损失，那么你能处理好情绪问题吗？交易者也是风险承担者。交易充满了风险。成功的交易者会承担一定的风险，并努力将风险降到最低。但是交易者的决策不可能永远正确。你会犯错，你的交易也会遭受损失，甚至会遭受一连串的损失，那么你会如何面对呢？你能否避免经济损失又保持情绪稳定呢？

你计划在交易中花费多长时间呢？你是全职交易者还是兼职交易者呢？你在何时进行交易呢？你将如何交易呢？你会自己在线交易还是使用经纪人呢？你的交易工具是什么？你想要交易期货、股票、货币和期权吗？这些交易工具有什么不同，以及风险和回报有什么不同？

大部分职业需要培训。你准备接受培训或者你需要培训吗？你在哪里接受培训，以及成本如何呢？培训并不是你唯一的支出，你交易需要花费多少呢？你账户中需要多少保证金呢？设备和交易项目的花费呢？其他的花费呢？

这是你需要考虑的一些事情。回答了这些问题后，你需要制订一个计划，包括你所有的投资要求、利润目标、损失补贴、支出以及时间。不要像我少年时期在铁路上一样迷失在黑夜中。知道你要去哪里，以及你如何到达那里。

有策略地向市场出击

许多交易者喜欢做牛仔。他们享受骑马的乐趣，而且他们不担心马放荡不羁的天性，但那只是在他们的资金消失退出交易之前。交易是很困难的，如果你想成为长期的交易者，你必须为你的交易设立目标。你需要为每一笔交易设立目标，你不能随意跳上火车，然后再期望得到最好的结果。

在市场中，我们非常容易冲动行事。许多指标会给我们指示市场动向，但是了解指标的指示之前，你已经点击了鼠标。在市场出现波动时，你只是进行本能反应。如果你已经交易了很长时间，那么你肯定会有此类经验。每个交易者都曾经在不适当的时机进入市场。控制冲动行事的最好的方式是制订出击和实施计划。我在期货和证券的日交易中使用的策略是"三步走"计划，我称之为交易中的3T——Tick（最小变动价位）、Trade（交易）以及Trend（趋势）。我使用这个方法来降低风险，并增加利润。

交易中的3T

我交易过许多合约，根据交易的进展，我会分批清算股票。我把这种方法叫做交易中的3T。以下我将简单介绍一下该方法。如果我正在交易期货并购买了许多合约。为了简便，假设我购买了12只电子迷你标准普尔股指期货合约。我的目标是清算第一部分股票（可能是1/3、2/3或者1/2，这取决于交易和市场条件），赚取的利润仅为3/4点或者一点。我把交易的这部分叫做最小变动价位部分（Tick portion）。我只赚取很少的利润。在这个例子中意味着如果我出手12张合约的1/3，每张合约赚了大约37.00美元，那么我总共赚了约150.00美元。现在我只剩下8张合约。下一步我称为股票的交易部分（Trade portion）。我把利润目标设为比入市点高两点或三点（如果市场允许的话）。如果你记得关键数字那一章，你会知道每一个市场中都有某些重要的数字。我把下一个关键数字确定在可能形成阻力线的地方，然后在此点售出第二部分股票。如果下一个预期阻力线出现的区域高出入市点3点，我会在阻力位放置一个卖单，或者在阻力位之前的一个最小变动价位放置一个卖单。如果达到了此点，我将清算第二部分股票，或者在此情况下将第三部分一并清算，也就是4张以上的合约。然后每张合约赚取150.00美元，4张合约共赚取600.00美元。现在我原来的12张合约已经出手了8张，赚得利润为750.00美元。

现在我只持有4张合约。这是我策略的最后一部分，称为交易的趋势部分（Trend section）。通过管理止损点，我努力持有最后的这些合约，希望继续持有趋势部分的合约。标准普尔股指期货通常会在一天中移动10到16个点。通过提前计划，再加一点运气，我可以紧随趋势，利用最后4只合约赚钱。

我一直使用保护性止损点。不要在没有止损点的情况下进行交易（这可能是我第十次强调了。听懂了吗？这是非常重要的）。止损点并不是保证你能随心所欲地退出市场。在快速变动的市场中，你设置的止损点可能被跳过去，市场可能会急剧下降到你所设定的退出线以下，这会让你坐立不安。但是止损点可以在大多数市场条件下保护你，使用止损点是保护资金最基础也是最容易的步骤。

当我进入市场时，我会了解交易的风险。如果我必须在离入市点较远的地方设置止损点，那么我不会进行该交易，因为这笔交易的风险太大了。我会等待更好的机会。如果我进行交易，我会把止损点设置在稍微高于或低于关键数字的适当位置（当然取决于我是做多还是做空）。随着市场向我预想的方向移动，我会相应地调整止损点。在合约的交易部分结束后，我将止损点移动到持平点或更好的位置，让市场为我的交易抬轿。一旦你的交易踏准了市场趋势，你可以悠闲地回家休息，同时你的利润也在不断增长。

在使用3T交易方法时，时间是非常重要的。你会选择市场变动时进行交易，因为此时可以快速结算一部分股票。如果你选择了正确的时间，你会在市场上升或下降之前进入市场，并且快速结算交易中的最小变动价位部分（Tick portion）。如果时间正确，并且市场开始变动，你可能在几分钟内将股票的第二部分出手（Trade portion）。然后你可以休息一下，同时享受利润的不断增加。如果市场出现反转，或者遇到主要支撑或阻力线，只需要出手剩余合约，从而把利润存入银行。

所有的交易都如刚刚所说的交易一样顺利吗？不，有时市场不会抛弃任何交易者。其中一些交易进展非常顺利，但其他交易可能只是部分顺利，所以你会赢得很小的利润。关键在于减少损失，并扩大利润。你没必要一直赢得交易游戏。但是你必须随时进行良好的资金管理。如果你错了，你必须制订计划来减少损失并保护资金。第七章将讨论多种风险管理方法。

3T交易法对我非常有用。首先，每个交易者都会面对恐惧和贪婪等情绪。当我们进行交易时，我们会害怕损失。我们都经历过恐惧，因此都知道它会给我们带来严重的影响。同样，我们都知道贪婪的强大力量。当我们进行交易时，我们都希望获得成功，并且希望交易可以让我们获得金钱回报。如果能得到10点、12点或16点利润，我们不想勉强接受两点利润。但是贪婪往往会导致我们灭亡。

如上所述，"三步走"交易过程可以帮助我们应对贪婪和恐惧。因为我害怕市场会向与我预期相反的方向变动，我快速地出手第一部分股票。通过这样做，我减少了风险，并赚了少量利润来填补剩余合约的潜在风险。如果市场明显地显示我没有紧随市场趋势，我可以在没有损失，甚至是获得少量利润的前提下，迅速出手剩余股票。我通过牺牲掉少量的合约从而缓解了恐惧。

通过该交易方法，我也可以享受贪婪。如果我选择了入市的合适时机，并且我能够在盈利的前提下出手第一部分和第二部分股票，从而在风险较小或没有风险的情况下持有最后一部分股票。我已经赚了足够的利润，以填补潜在的损失。我可以休息一会，让市场自己去涨跌。如果我选择了正确的交易方向，市场可以按我预期的方向变动数小时，我的贪婪也可以自由地扩大。在市场出现反转时，我可以出手股票，并获得利润。如果市场按照我预期的方向变动，那么我可以调整止损点，从来获得利润。

运用此交易策略，我非常安心。总体来说这一策略对我非常有效。我会认真地选择入市和出市点，那就是我每天都会认真地观察时间和关键数字的原因。我会在顺应市场趋势时入市。

使用 3T 策略交易股票

我喜欢交易期货。但是在我的交易生涯中，只要机会合适，我交易过证券、期权、货币、商品、债券以及其他可以交易的东西。我也经常使用 3T 策略来交易股票。例如，我购买了 3000 只易贝网、亚马逊或其他股票。如果我想将其分成三部分来交易，我将会采用以下策略：迅速卖掉 1000 只股票，这只赚取少量利润，比如说每股赚 30 到 50 美分。这样，我已经赚取了一部分利润，从而弥补潜在的市场走低带来的损失。如果市场的变动方向与我预期方向相反，我剩余的股票会蒙受损失，但我已经赚取了部分利润来弥补损失。如果交易仍然按照预期方向进行，那么我会结算另外 1000 只股票，以获得更大的利润，可能是每股 50 到 70 美分。我努力使第二部分股票的利润可以弥补最后 1000 只股票可能带来的损失。一旦弥补了市场下降带给我的损失，我可以紧随市场趋势，因为市场已经弥补了我的损失。我将随意地设置一个止损点来保护我自己，并且随着交易按照我预期的方向（或者与我预期相反的方向）进展，我不断地调节止损点。如果交易的确与我预期的方向一致，我会让交易自由发展，而我的利润也不会消失。我喜欢自由发展。这时我不必再恐惧，我可以享受成功和利润。

如果你是新手，那么你要谨慎地使用该方法。在你能成功地交易 1 只或 2 只合约之前，不要交易大量的合约。如果你不能成功地交易少量的股票，并赚取少量利润或者至少保持收支平衡的话，不要盲目增加你的合约数量，否则你会很快损失更多的钱。就像每笔交易都赔钱的商人，即使进行更多的交易，但其损失并不能通过增加交易量来弥补。

正确地执行策略

只拥有策略并不会让你成功,你必须正确地执行该策略,有时交易者不能按计划行事。他们可能变得贪婪或焦虑,从而过早地进入市场,或者他们可能犹豫不决,从而等待较长时间。如果你错过了交易的最佳时机,你最好休息一下,然后等待下一个机会。正确操作可能会使交易成功,但入市犹豫不决将会把成功变成失败。

我使用 3T 交易策略,因此在正确的时间里执行该策略是非常重要的。对我来说,交易区是日交易中实施策略的最好时间。因为通常在交易区内,流动性和波动性是最强的。一旦进入市场,我想快速地将最小变动价位部分(大约是所持有的股票的 1/3)和交易部分(大约是所持有的股票的 1/3)出手。然后在资金没有风险的前提下休息一下,将让最后 1/3 的股票随着市场趋势进行交易。如果我在买方较少、市场没有波动的情况下进入市场,我不得不坐下来等待。在交易者进入市场之前,我的资金风险较大。随后市场的动向可能与我预期的方向一致,也可能与我预期的方向相反。在滞缓的市场中使用该方法通常更加难以预测。

除了选取正确的时间,你必须确保找到关键数字,并有效地利用关键数字。不要在即将达到主要阻力点时买入,或者在即将达到主要支撑点时卖出。在操作前要仔细观察。同样,使用关键数字来确定利润目标。如果你是长线交易,并且市场即将达到主要阻力线,你应该减少股票持有量,并提取利润。如果阻力特别强,你应该出手全部股票,然后等待阻力打破后再进入市场做多头。

你不仅要在正确的时间入市,还要在正确的时间出市。不是你想在交易中赚 6 点利润,就一定能实现这一目标的。因为市场可能不会合作的。你必须设立并接受实际的目标,并且当目标达到时出手股票。在过去的几年中,我的目标会根据市场的条件而变化。几年前标准普尔股指期货的平均每日利润是 20 点时,如果我想每笔标准普尔股指期货合约得到 6 点的利润,我只需要持有股票并且等待。在平均每日利润为 20 点的情况下,6 点是可能的。但是市场改变了,平均每日利润变成了 11 点,我的 6 点利润就变得太高了。也许我可以很容易地赚取 3 或 4 点利润，但不是 6 点。市场多次在我得到利润之前出现了反转，因此我不得不改变策略来适应市场。

观察市场、看盘并接受市场的现状。我并不是建议你快速地出手长线交易以确保万无一失，但你的利润期望要现实一点。不要期望每次交易都获得巨大成功。如果你有这样的期望，那么你会失望的，甚至会破产。

设立现实的目标是非常重要的。我记得青少年时期参加高中舞会。如果我有合理的期望，通常我会有很好的时机。但是如果我期望所有的女孩都倾慕于我，并且所有事情都非常理想，那么我会失望的，最后只能悻悻地回家去。你可以通过交易赚很多钱，但不要期望一次交易或一天中赚很多钱。要有合理的期望。

不要忘了时刻关注指标。即使关键数字被打破，时间也似乎很合适，如果指标显示你需要小心，那么你最好听取指标的警告。查看一下纽约股票交易所的发行量和纳斯达克指数发行量，它们在告诉你什么呢？查看一下最小变动价位（Tick）和纽约证券交易所短线交易指数（Trin），它们所显示的信息和其他指标一样吗？其他市场是什么样的呢？道琼斯指数和标准普尔指数一样吗？那法兰克福指数呢？如果一个或多个指标较迟缓，并且与其他指标不一样，那么你需要等待一段时间。这是警告你慢点行事，再仔细观察一会。由于我查看道琼斯指数或法兰克福指数，并且注意到它与其他指标的动向不一致，从而多次避免了损失。滞缓的市场才能告诉你正确的方向。

市场是非常宽容的，它每天都提供许多赚钱的机会。如果你错过了一次机会，你可以耐性等待一会，可能几分钟，也可能几个小时，或者一天左右，但市场总会给你另一个机会。耐心一点，并做好准备。

交易是一个考验耐心的游戏。通常很多交易者认为他们在电脑前操作了两个小时，或者他们盯着屏幕看了两个小时，所以他们必须进行交易。如果不进行交易的话，就是在浪费时间。相信我，通常你应采取的最好行动是不要进入市场。如果正确的入市点不在那里，那么你不会想在那里入市的。你更想让你的资金安全地留在市场之外，从而做一个旁观者。记住不要点击鼠标才是最明智的,也是最好的交易技巧。

最后一个需要记住的战略问题是你必须降低损失。我用一章的篇幅来讲解风险管理和保护资金,但是我想在此处再说一下,因为它非常重要。如果你想长时间留在交易游戏中,你必须保护资金。有时你非常确定你的决策是正确的,你强烈地感觉到市场正在下降,然后你卖出,但是市场并没有下降,尽管所有理性和逻辑都告诉你市场会下跌,但它却是上升的。如果数字告诉你是错误的,那么你要听取数字所传递的信息,并作出相应的反应。你需要结算你的股票,从而降低损失,你可能不想这样,但你必须这样。不要愚蠢地长时间持有下跌的股票,这样只会让你的损失越来越多。在你意识到损失不断增加之前,你的账户可能已经损失殆尽了。那么如果市场最终证明你是正确的,并且开始下跌会怎样呢?你可以在那时卖出股票。如果你将损失降到最小,你可以轻松地弥补这些损失。如果你固执地持有下跌的股票,直到输得一无所有,那么你可能需要花费数天、数周,甚至数月来弥补这些损失。适当的风险管理是非常重要的,不要忘了在实施策略时进行风险管理。

市场是波动的

许多新手交易者认为他们必须在短时间内了解市场,并发现市场的运行机制。他们认为他们发现的秘密让他们永无后顾之忧。他们认为一些简单的方法或技巧是一成不变的。相信我,这种简单的方法是不存在的,因为市场是波动的,它们不停地变化。1月份的市场通常与12月份和7月份的市场完全不同。如果出现国际性的危机或重大事件或重大发现,市场就会变动。在高度通货膨胀或经济深度衰退时,市场也会变动。关键是要读懂并理解市场,以便可以为市场的变动做出回应。学习金融领域的基本原则,并学会如何在市场中使用这些原则。不管市场如何波动,适当的教育和培训都是必需的。

回顾

　　成功的交易者会有策略地向市场进军。他们会制订有效的行动计划，并且按照计划行事。我的计划包括关键数字，以及日交易中的有效时间。我也使用主要的市场指标来确定最佳交易时间。然后我使用"三步走"战略。我购买一些期货或股票，之后我分批对这些股票进行清算。在几分钟后我出手第一部分股票，然后我在获得一点或两点利润后将第二部分股票出手，最后我尽力增加最后一部分股票的利润。我努力获得利润，并且努力降低损失。

　　我有明确的计划，并且我理解并知道这一计划对我起重要作用，但是制订好计划并不能一劳永逸，你必须正确地执行计划。知道你在何时交易。知道警告你做空或做多的信号。在你进入市场前，知道你将在何处获利，何处设置保护性止损点。计算你潜在的风险。你会在何处明白你的决定是错误的。如果你做出了错误的决定，你会损失多少钱？如果你不能或不愿意承受风险，那么不要进行交易。如果你进行交易，那么要管理风险。尽量降低你的潜在风险，并扩大你的利润。不要因为固执或者像被市场催眠一样继续持有下跌的股票。让指标和数字告诉你清仓了结的时间和获取利润或承受损失的时间，以及退出市场的时间。一旦你制定了策略，并检验了策略，那么就实施这一策略，不要犹豫或害怕，你只需正确地实施该策略即可。

　　一些交易者认为他们只需要一个机制。他们可以每天，甚至每年都重复这一机制，这是不正确的。因为市场是波动的，市场不断地变化，你要做的是读懂市场，并适当做出改变。这需要学习、耐心和毅力。

　　我从事交易已经许多年了，我进行过盈利丰厚的交易，同样我也进行过损失惨重的交易，就像青少年时期跳上缓慢移动的货运列车一样愚蠢、浮躁、茫然。但我从来没有放弃过。我知道市场是波动的、不断变化的，但我要随着市场变动。我看盘、关注数字、制定策略并实施策略。总之，我的交易方法对我非常有用，它可以帮助我赢得交易游戏。

 经验总结

☆ 制定有效的策略,知道如何进入市场。

☆ 正确地实施策略。

☆ 除非你知道在何处获得利润,以及在何处设立保护性止损点,否则不要进入市场。切记了解你面临的风险。

☆ 运用相应的交易方法来应对和管理恐惧与贪婪。

☆ 记住市场是波动的,必要时调整策略。

第 7 章　管理风险才能获得收益

1987年经济危机给我沉痛的教训：风险管理才是最重要的，其次再考虑利润。这使我明白管理风险才能获得收益。交易是一个长期的过程。你要有毅力，不断汲取经验教训才能提高。这就是风险管理如此重要的原因。如果你不保护资金，你将无法进行交易游戏并获得收益。

交易是一种业务

日交易是一种业务，就像其他业务一样，你必须进行管理。在风险投资前，你必须先评估自己的财政状况。你可以投资多少钱？你能否承担潜在的损失？你的年龄以及你的金融状况如何？根据你的经济状况来考虑这些问题。诚实地回答，以便你可以轻松地进行投资。

你需要评估风险容忍度，原因如下：第一个原因是你显然不能拿你的房贷或车贷来冒险投资。我们都知道这种行为非常愚蠢。还有第二个原因，这也非常重要，正如上一章所说，交易是非常容易受情绪影响的，如果拿你不能承担损失的资金来冒险，你将不能集中精力进行交易，你会太恐惧失败。每次账户遭受一点损失，你就会惊慌失措，从而不能理性分析市场并作出明智的交易决定。成功的交易者根据数字来交易，让市场而不是恐惧指导他们的交易行为。因此，从容面对交易中的风险是非常必要的。

接下来，你要确定交易的成本。你必须有合适的装备：你需要使用新的电脑进行投资吗？你需要多个电脑和监视器吗？我的系统使用了多个监视器，但我的学生大部分都用一个笔记本电脑。不管怎样，确保你所需要的设备齐全或准备好购买所需的设备。你也需要一个数据源。交易需要精确到秒的实时报价，你可以每月支付一定的费用从而获得这些报价，把这笔费用也计入你的计划中。

然后还有你的佣金。每个经纪人的佣金差别很大。一些经纪人事务所要价过高或要求支付合法但不合理的佣金。多寻找几家经纪人事务所从而找到最好的经纪人。你要记住交易不是免费的。不要过度交易，这样才能最大限度地降低佣金。

同样你需要接受好的教育和培训。你需要阅读、调查、研究以及不断地学习和提高。我非常建议你在开始交易前接受一些培训。你可以选择我所教的日交易课程，也可以选择其他教育课程。找一些课程，然后好好利用这些课程进行学习。他们不是免费的。你可能会认为这些花费太大了，但是如果你没有接受教育就进行交易的话，你很快会发现无知会让你付出更真实的代价。

最近我的一个朋友杰夫（Jeff）向我诉说了他的一次划船经历。当他在墨西哥湾时，他的船出现了一些机械故障。他通过无线电寻求帮助，并了解到将其拖进港湾的费用约为1000.00美元。杰夫认为这笔钱太多了。尽管他本来有能力支付这笔钱，但他却不想支付。他相信可以不用发动机，利用水流将船驶入港湾，从而节约资金。17小时之后，杰夫终于漂流到了码头，此时他已经筋疲力尽了。

杰夫是一个专业人士，时间对他来说非常宝贵。但他愚蠢地浪费了他宝贵的时间，这是因为他太精打细算了。我认为他的成本收益分析是错误的。如果他支付了拖船费并及时到家，那么他会节约更多钱。他也不会把自己搞得那么疲惫。

许多交易者就像杰夫一样。他们走了错误的捷径。他们不愿意支付交易课程的价格，因为他们认为凭借自己的智商就可以发现市场的运行机制，因此他们并不需要帮助。他们自认为具有交易的天赋，为什么还要去支付这笔学习的费用呢（这些人需要阅读第11章）？智力——甚至是天赋——是不足以打败华尔街的。在日内交易研究所中，我们总是提醒学生

第 7 章 管理风险才能获得收益

如果他们认为教育的费用太昂贵，那么他们终将会为无知支付费用的。相信我，无知的代价更加大！

自我教育，并尽可能地学习你所选择的交易工具。在你学会如何交易之后，再进行风险投资。即使接受了很好的教育，交易仍然是非常困难的。

另一个问题是经济损失。当你的交易没有赚钱的时候你会怎么做呢？你将会经历数次赔钱的交易。这一点是非常确定的。事实上，很少有交易者是立刻盈利的。我没有听说过哪个交易者开始交易就立刻获得利润。因此做好无法立刻从交易中得到回报的准备吧。事实上，很可能你的努力会带来一定的经济损失。你要为此做好准备。零售商店每天都会开门关门，如果零售商连续几个月来只是计划何时销量较多并且操作成本较低，那么这个零售商一定不会成功，零售商可能会早早结束其生意之路。做好慢慢来的准备吧，即使经验丰富的交易者也会有交易失败的时候，失败会发生在每个交易者身上。

记住日交易是不容易的，所以你在开始交易之前要做好准备。众所周知，大量的交易者会在很短的时间内退出交易。他们开始交易时梦想着获得丰厚的回报，但他们不考虑风险，没有周全的交易计划。他们将交易看作快速致富的方式，但不幸的是他们很快就知道这是错误的。从你交易的第一天起你就要尊重市场，充分意识到自身的危险（贪婪、恐惧、傲慢）以及市场内部的危险。

对我来说，风险管理包括许多不同程度的控制。首先是管理账户余额。我不会让账户下跌到既定水平以下。其次是管理每笔交易的损失。记住：你管理风险的水平决定了你是立于不败之地，抑或只是昙花一现。

管理账户余额

每个交易者都要确定一定的资金来进行风险投资。我可能承受一级风险，而你可能承受其他等级的风险。每个人必须根据个人风险容忍度和性格特点来采取相应的行动。我教育我的学生要确定其可以承受损失的金额。这一金额代表了他们的"倾斜数字"。我的倾斜数字是这个，而你的可能是另一个。这取决于你个人的经济状况以及情绪处理能力。但是最主要的是要确定你可以在一天或一笔交易中损失的具体的金额，并且重视这一数字。换句话说，在不给你造成严重影响的情况下，你的账户可以损失多少钱？例如你的账户余额充裕，并且你可以损失5000.00美元而不会遭受重创，那么5000.00是你的倾斜数字。另一个人可能拥有较少的资金，因此500.00美元对他来说就无法承受了，因此500.00美元就是该交易者的倾斜数字。

每个交易者必须评估其个人状况，从而决定经济上和情绪上可以承受的损失，这是非常重要的。在日交易中达到了倾斜数字，该交易者必须停止交易。很显然他们的交易技巧没有发挥作用，或他们没有正确地运用这些技巧。无论如何，该交易者需要停止交易进行分析和重新组合。通常交易者进行了一次或两次失败的交易，却仍然会继续交易，即使其使用的方法或分析是不起作用的。在交易者察觉到这一点之前，他损失的金额已经超过了其预期，然后他破产了。一旦思想只关注损失，那么其分析就不清楚了，交易就会结束。

每天，我都会和我的生意伙伴以及日内交易研究所的首席指导员杰夫·史密斯运行交易者聊天室。我在某天早上开始交易时，很快就损失了我的日倾斜数字的25%。然后我把麦克风给了杰夫，很快他损失了全部的倾斜数字。那时只是上午10:00，但我们都被迫退出了游戏。我们遵守规则，在24小时内没有进行交易。

但是第二天，我们账户中仍然有钱，并且我们做好了重返市场的准备，然后充分利用另一个交易机会。事实上，接下来的一周非常给力，我们的交易得到了丰厚的利润。我们的教训是必须保护资本，并保持账户余额充足，否则你会被迫退出游戏。要待在游戏中，这样你才有机会赢得游戏。

新手交易者容易犯的最大错误之一是只关注最近的损失，而不关注现在的市场。他们总是想赚回损失的钱。带有这种心理，他们不断遭受损失。他们没有正确地分析或评价市场。他们进行了一次失败的交易，然后又盲目地进行了第二次，接着第三次。市场会给你另一次机会，但可能需要几个小时，甚至是几天或几周的时间。你需要耐心等待，当机会来临时好好把握这次机会。不是每次交易都要参与，当你获胜概率较大时再进行交易。

设立倾斜数字的另一种方法是每天确定一定比例的可损失账户余额。这根据你的具体状况而定。一些交易者设定很低的比率，比如说账户余额的2%，而一些交易者设定的比率较高。在任何情况下你都不能在一天内损失账户余额的10%以上。如果你每天的损失持续超过10%或多于你的账户余额，你的交易生涯将会在几天或几周内结束，不会超过一年。

因此，确立一个倾斜数字，不论是具体的金额还是你账户余额的百分比。牢记这一数字。当达到这一数字时，停止今天的交易。不要心存幻想。相信我，我说某一规则很难时，许多交易者都是无法做到的。他们确定倾斜数字，但他们的倾斜数字没有任何意义。他们每天都违反其规则，不久后他们就会被迫退出交易。

密切关注你的账户余额，这样你才能留在交易游戏中。

三击出局

许多学生使用的另一个控制损失的办法是三击出局规则。不管在一次交易中损失了多少钱，如果交易者连续三次交易都是失败的，那么该交易者就要关闭其交易平台。不论如何，三次判断失误就表明有些事情是错误的，可能是时机不对、分析错误、市场不可预测或者其他事情。这时候就应该停止交易。

三击出局原则也可以应用到一周的交易中。如果一周内连续三天亏损，那么这一周接下来的几天就休息一下吧。上天不眷顾你，所以你可以去打高尔夫或打理一下花园。市场表现不佳，那么你就不要拿自己的钱来冒险。在交易很困难的时候，我的许多学生都使用这一策略来管理风险。这一策略对他们是很有用的。

了解风险

在你进行交易之前，你应了解交易的风险。市场如何发展说明你做了错误的决定？如果市场确实向那个方向发展了，你会损失多少钱？你能接受并且愿意接受这些损失吗？如果不能，那么不要进行交易。还会有其他风险更小的交易的，所以耐心等待吧。如果你决定进行交易，那么确定最近的支撑点和阻力点。利用这些点来确定保护性止损点和盈利目标。确定好入市点、利润目标以及如果决策错误时的出市点，否则不要进行交易。

在交易中有一个绝对关键的规则：不要在没有保护性止损点的情况下进行交易。如果保护性止损点不起作用，那么你应出手所持有的股票。在股票价格降到99.25或标准普尔股指期货达到1099时，你告诉自己要进入市场。但是心理止损是很难实施的。你会发现自己不断地给市场送钱。市场会吸引你，并让你麻木。在你意识到这些之前，你已经损失了比预期更多的钱。另外，有时市场快速地向与你预期相反的方向变动，一眨眼的工夫你会蒙受巨大损失。如果你没有事先设置急停点，那么很可能在你进入市场时，你的账户已经消失殆尽。因此当你进入市场时，同时设置好保护性止损点来保护你的资金。

管理每一次交易

如果交易正在进行，并且你正在赚钱，这便无所谓了。只需要确定何时取出利润，并享受这些利润。如果你以102.00的价格购买了国际商业机器的股票，然后市场达到了110.00，那么将利润取出来放入银行中，这并不需要什么特殊的技巧。但是如果你以110.00的价格购买，然后价格跌落到108.00，你会怎么做呢？你将持有这些下跌的股票多长时间呢？当交易的账本底线（bottom line）显示为负时，你就需要一些技巧了。

交易者是风险承担者。事实上，交易不可能没有风险。但是预定的风险必须合理，并且要和潜在的回报一致。通常交易者不想出手下跌的股票，是因为他们太自负，不想接受失败。这些交易者坐在电脑前，就像瘫痪了一样，这样市场会带走越来越多的钱。他们在交易时不断许愿、期望和祈祷。他们自我安慰这些损失只是暂时的，尽管市场信号显示他们做出了错误的决定，但他们不愿意承认这些。最后，他们损失了大笔钱，他们不得不承认错误，并出手了股票。问题是他们的账户余额已经所剩无几。

一旦我开始交易，我会时刻关注指标。如果市场出现了明显的反转，我会立刻做出反应。这并不意味着每次价格稍微下跌我就会退出交易。但是当数字和指标显示我的决定是错误的时，我会承认错误并退出市场。如果市场无法预测或令人费解，我也可能退出市场，即使我还没有遭受损失。多年来，我学会了应该从市场中期望什么，我不期望惊喜。

如果市场很难预测，那么退出市场吧

有时市场很难预测，此时交易比投硬币更难。这时你应该退出市场，停止交易并将电脑关闭，去打会儿高尔夫、打理一下花园或读本书吧。

2005 年，标准普尔下调了通用汽车的债务评级。当此消息传出，市场变得非常疯狂。我看到标准普尔股指期货指数从 1179.00 下降到了 1169.00。此时我成为旁观者。市场就像悠悠球一样忽上忽下，因此风险也是不可控制的。市场对此事毫无准备，同样表现得无法预测。但我很幸运，因为我的经验告诉我要远离市场，在一旁看着其他不懂行情的交易者被市场无情吞噬。

如果你无法辨别市场的动向，那么就远离市场吧！

使用保护性止损点

正如你所知的，我一直使用保护性止损点。在日内交易研究所中，我们都有一条基本准则：不要在没有保护性止损点的情况下进行交易！如果达到了我的保护性止损点，这是市场告诉我决策是错误的。9 月 11 日那天，我是多头交易，但我设置了保护性止损点。当第一座大楼被袭击时，市场忽然下跌，然后我的保护性止损点将我带出市场。幸运的是，我只是蒙受了一小笔损失。谢天谢地我设置了保护性止损点。没有止损点，我的

损失可能是无法预估的。

同样，设立的保护性止损点要随着市场的变动进行适当调整。例如，如果你以 1102.75 的价格进入市场，并将保护性止损点设在 1099.00，当市场趋向 1105.00 时，你需要相应地调整保护性止损点。不要将你的止损点设在原来的位置，这样承担的风险很大。密切关注市场，这样你可以降低风险，并获得利润。

确定保护性止损点的位置是非常关键的。确定正确位置有很多方法，有随意止损点、浮动止损点、关键数字止损点以及组合止损点。随意止损点是最不可靠的，而组合止损点可能是最可靠的。但是不管你选择何种止损点，你必须选择一个。

随意止损点

随意止损点正如其字面意思。观察市场，并选择止损点的位置。如果你不能承受 4 点以上的损失，那么你可以将止损点设在 4 点损失的位置。如果你要调整止损点，那么将止损点向靠近市场的方向调整。

随意止损点是最基础的，这种止损点适用于许多新手交易者。尽管我不会选择这种止损点，但我建议宁愿使用这种随意止损点，也不能没有止损点。止损点可以提供一定的保护，从而防止遭受重大损失。

浮动止损点

市场是不断变动的。它们一会儿朝这个方向，一会儿又朝另一个方向。通常市场在支撑线和阻力线之间上下波动。如果牛市足够强劲，阻力线将被打破。如果熊市非常坚挺，支撑线将会被打破。因此，了解可预测的波动幅度可以帮助你确定止损点。看 30 分钟棒状图，市场在最后 30 分钟或最后一小时移动了多长？市场移动了多高？在高于或低于波动点的位置设立保护性止损点。如果达到了止损点，市场已经打破了其最近的模式，因此可能会出现波动。此时你最好退出市场，即使要承受少量的损失。

关键数字止损点

有时我使用关键数字止损点。路线图软件可以帮助我确定正确的止损点位置。我找到所交易的市场的支撑线和阻力线,然后将止损点设置在比这些线稍稍高点或低点的地方。例如,如果我正在多头交易 1 只较大的标准普尔股指期货合约,价格为 1169.50,我知道支撑线为 1167.60。因此我将止损点设置在稍稍低于此数字的位置。市场非常重视数字,因此它们是非常有用的交易工具,你可以了解并使用它们。

组合止损点

这种方法综合了以上所讲的三种止损点,并选择为最小的风险提供最大的保护。例如,如果你正在多头交易标准普尔股指期货,价格为 1169.50,随意止损点是从入市点以下 4 点,所以随意止损点是 1165.50。浮动止损点是 1167.25,因为在最近的交易中,市场达到了此低点。关键数字止损点为 1168.90。1168.90 作为止损点风险最小,这种止损点可以用多种方法选出。

使用 3T 交易法来降低风险

管理风险的另一种方法是使用上一章所说的 3T 交易方法。当交易多笔合约时,通常我会以较少的利润出手一部分股票(通常约为 1/3);以稍多点的利润出手第二部分股票(通常约为 1/3);然后以最大的利润出手最后一部分股票。通过快速获得利润,我将这些钱退出市场,从而弥补交易价格下降所带来的风险。通过让市场来资助我的交易,大大地降低了我的风险。使用这种方法,我可以快速获得一些利润来减少交易风险。

记住这种交易方法只适用于你可以正确选择入市点和入市时间时。如果你是一个新手,还经常赔钱,那么我不建议你增加合约交易量。如果你增加了合约交易量,那么你会在短时间内损失更多钱。但是如果你有足够的技巧和经验,这种方法可以大大地帮助你提高交易能力。

找到最不适合自己的交易时间

另一个保护资金的方法是找到通常最适合你操盘的时间，同样也找到最不适合你自己进行交易的时间。如果你在麻烦较多的时间进行交易，你要减少股票持有量，并格外小心。

一般来说，星期一不适合我从事交易。因为在星期一我经常受到打击，现在我在星期一进行交易时会格外小心。我会减少股票持有量，并时刻注意保护资金。通过这种方法，我把星期一变成了低风险日，以保证我的资本不会在一周刚刚开始时就被市场吞光。如果日后有好的交易机会，我可以进行交易。

遵循两分钟规则

通常交易进行得非常快。因此我很快就会知道我的交易是否盈利，因为如果是盈利的，我的第一个盈利目标在几秒钟之内就会达到，并且我的第二个盈利目标也会很快达到。通常在两分钟内，我就知道我是否是成功的。在我的软件中有一个两分钟计时器，在我进行交易时，我会开启这个计时器。如果计时器铃声响起，但我的第一个盈利目标还没有实现的话，我会对股票进行重新评估，并仔细研究指标。我的交易是乐观的吗？如果我仍然对这笔交易有信心，并且指标和数字都显示我的决策是正确的，那么我会坚持下去，让交易进行的时间长点。但是如果出现危险的信号，我会退出交易。也许交易会反转，然后带来利润，但是这种风险太大了。如果事情进展得不是那么顺利，最好是退出市场。在动向清晰后，你可以再次进入市场。通过快速出手下跌的股票，这样你可以避免痛苦和损失。

设立现实的损益目标

不要对市场期望过高。这是新手交易者容易犯的严重错误。他们总是希望一夜暴富。市场有一个每日平均变动范围，你需要了解所交易的市场的每日平均变动范围。如果每日平均变动范围是12点，并且市场已经达到了 10 点，那么此时就不要期望市场在收盘前再上升 10 点。有时候会有例外，但市场通常不会超过每日平均变动范围。就以标准普尔股指期货为例，其每日平均变动范围是 11 到 16 点之间的任何数字。你要安心地接受合理的利润。长时间积累下来，小利润也会变成可观的年收入。

每天设立成功的目标。如果你是新手交易者，并且你赚了几个点的利润，那么你已经做得非常好了。取出你的利润，并给自己一些赞美。不要期望每天都赚几千美元。如果你设定的目标太高，这只会带来失败和失望。随着技巧的增加，你的利润也会增加。耐心一点，并且多多学习。不断积累技巧，这样你才能逐渐赚更多的钱。

同样设定合理的损失限额。任何交易中我都不会损失超过每日平均变动范围的 1/3。如果每日平均变动范围是 18 点，那么我的每笔交易不会损失超过 6 点。事实上，我在交易中几乎不会损失那么多。因为我评估风险并且仔细观察市场。我不会让失败耗尽我的账户。

你可以利用多种方式来确定市场的每日平均变动范围。我使用路线图软件来检测所交易的市场的每日平均变动范围，也有一些网站可以帮助你确定每日平均变动范围。其中我比较喜欢的是 barcharts.com。这一网站上有很多有用的信息，包括许多交易工具的每日平均变动范围。

了解期货交易风险

正如你所了解的，我喜欢交易期货，并且在期货市场中赚了不少钱。期货的一个特性深深地吸引了我，那就是杠杆比率。期货是一个杠杆作用较大的投资。在保证金账户中，一千美元就可以交易标准普尔股指期货，并控制几千美元的资产。电子迷你标准普尔股指期货每点 50.00 美元。因此如果 1 张合约在一天赚了 10 点，你投资 1000.00 美元时就会赚 500.00 美元。毫无疑问，这是巨大的收益。但是如果一张合约下降了 10 点，那么你会损失 500.00 美元或者投资额的 50%。杠杆比率有一个不好的方面。如果你以 100.00 美元每股的价格购买了一只股票，然后价格降到零，那么你每股会损失 100.00 美元。但是期货是不同的。你只能通过保证金账户来交易，并且你的实际损失可以高于账户余额。你的潜在损失不像证券那样受限。如果你的期货账户余额低于保证金要求，你必须存入额外的资金来弥补损失。因此，许多分析家认为期货具有非常大的风险，期货的日交易风险更大。

我理解风险，但我不认为它比传统的买入并持有的投资方法更危险。我相信许多传统投资商使用的买入并持有的策略比我的方法更有风险。买入并持有的方法是建立在盲目自信的基础上，因为如果市场像20世纪20年代初期那样下跌的话，这些交易者只能默默承受损失。他们看到其账户每天都下降，却无能为力，相反我作为日交易者，每天我可以根据市场的要求来调整交易。我认为长期持有某些投资可能会损害我的资金健康。

如前所述，交易所也很支持我的交易。如果你在一天内交易了一张期货合约，并且在市场收盘时或市场收盘前出手所持有的股票，那么与隔夜持有股票相比，你需要较少的保证金。通常隔夜持有股票需要非常多的账户余额。例如在交易日内，你可以仅用1000.00美元来交易一张标准普尔股指期货合约，但是如果隔夜交易该合约，保证金要求是4500.00美元。因为交易所明白隔夜交易的风险以及他们成本结构中对该风险的责任。

因此，我交易期货，但我一直使用保护性止损点，并努力管理风险。我不会隔夜持有期货。如果我想进入夜市进行交易，那么我会在夜市（全球电子交易系统）开盘时进入市场。我不会将日交易中持有的股票拖到夜市中。

管理股票风险

交易证券正如交易期货一样，我也使用3T交易方法。当我在日交易市场中交易股票时，我通常购买3000只股票。然后我出手一部分股票以获得少量利润。然后交易第二部分股票，从而获得更多的利润。最后，我持有最后一部分股票，然后紧随市场趋势。但与期货不同的是，如果我正确地设立保护性止损点并且指标清晰地显示我的决策是正确的，那么我可以隔夜持有这些股票。同样，如果我已经出手了约2/3的持有量，那么我所赚的利润已经可以弥补市场下跌带来的损失。

交易股票就像交易期货一样，需要确定交易可能带来的最大损失。不要损失购买价的10%以上。例如，如果你以100.00美元的价格购买了国际商业机器公司的股票，那么最大损失为90.00美元或每股最大损失10.00美元。不要只是买入并持有。日交易通常充满了风险。但是不考虑市场条件，只是买入并持有股票是更有风险的。10%的损失很难接受，但是这比50%或更多的损失要好得多。不要逃避现实，要观察市场，从而做出相应的反应。20世纪初当高科技股下跌时，几百万美国人只能无助地坐在那里，看着他们省吃俭用而省下的钱消失殆尽。许多退休者长期持有下跌的股票，从而损失了大部分或所有资金。不要让这样的悲剧发生在你身上。使用止损点来降低你的损失吧。如果市场有买入的机会，并且时间也正好，那么你可以随时持有资金重新进入市场。

保护你的血汗钱

如果你足够聪明的话，那么在交易中你不仅应该会赚钱，也应该采取相应的措施来保护所赚的钱。第九个进入我学校的学生是纽约的一名医生，名字叫汉克（Hank）。在培训完成后，他将20000.00美元存入交易账户，90天后，他的账户增长到500000.00美元，很明显他是一个好学生（请将他的巨大成功理解为例外。不要在开始交易时就期望在短时间内获得如此巨大的回报）。在我的想法中，我认为他的成功归功于我。但是我知道他的成功是他自己的功劳。但是我建议他保护一部分资金，这确实是我的功劳。我建议他将100000.00美元存入银行。我的理由很简单，将这部分钱存入银行中，他将不会在期货市场中一败涂地。我不想看到他成功获得了利润，并且慢慢将这些利润变成了一笔可观的财富，最后却将这笔财富损失殆尽。我想让他学会未雨绸缪。我不太想讲这个故事，因为我不想让你们觉得你可以在90天内将20000.00美元变成500000.00美元。汉克是一个例外，因为他具备了获胜的技巧。他可以有效并有策略地利用技能和知识，从而他可以选择合适的机会进入市场进行交易。向汉克医生致敬！

我很自豪，因为我建议汉克医生将一部分血汗钱存入银行中。我也向所有的学生这么建议。不要将你所有的利润放在账户中，定期将一定比例的利润取出来吧。如果你不取出来，那些钱终会不属于你，因为你会鲁莽行事。如果你在一周内盈利了，我建议你周五将部分利润取出来，将其放入支票账户或进行其他储蓄或投资。交易获得收益是不容易的，所以要好好珍惜它。记住交易是为了得到利润。

绿圈制度

在日内交易研究所中，我实行简单的责任制度，我们称之为绿圈制度。我们每个人都有一本交易日历。每天当我们交易结束时，我们在日历上记下利润和损失。如果这一天是盈利的，哪怕利润只有一美元，我们也会在日历上标上一个绿色大圈。如果我们损失了，我们会画一个红色的大圈。这看起来非常简单，但这却给我的学生提供了很大的帮助。我的学生会努力赚取利润，从而将日历标成绿色，因为他们不想看到满是红色圆圈的日历。我告诉学生，如果他们的日历是绿色的，即使是盈利一美元，那么他们就是很棒的，因为他们在这个游戏中是盈利的。

如果你喜欢绿圈制度这一做法，那么准备一个日历，然后开始实施吧。这是一个简单的方法，可以促使你谨慎交易。

回顾

每个交易者的主要目标是控制和降低风险。只有正确地处理了交易风险，你才会获得回报。处理风险是有许多方法的。我通过提取小额利润来弥补交易，从而降低风险。我结算第一部分股票以获得少量利润。然后一段时间后，结算第二部分股票，以获得两点到三点利润。最后，我利用最后一部分股票来紧随日趋势，从而扩大利润。

除了使用3T交易方法，我也会了解每笔交易的风险。如果我不想接受这笔交易的风险，我不会进行交易。同样，一旦我进行交易，我会认真地了解风险。我会使用保护性止损点，同时我会认真地观察市场指标。如果指标出现反转，我会做出相应的反应。如果市场指标告诉我要清算所有或部分股票,并且提高保护性止损点,那么我会照做的。我不会只是坐在那里不声不响地让市场攻击我,并带走我的金钱。

有些时候,交易很难进行。市场可能表现得不理智,无法预测并且难以辨别。或者你与配偶发生了争执,或者听说你母亲病了,或者你只是感觉不舒服,没有充足的睡眠,不管怎样,你的交易应该结束。你似乎不能适应新环境,那么退出交易吧。关闭交易平台,然后做一些其他的事情。不可能每一天都是盈利的,因此在糟糕的日子里,你应该有效地处理交易,并限制损失。

记住交易是一种业务,你的资金就是你的存货清单。保护你的资金,并留在游戏中,以便日后赚更多的钱。

经验总结

☆ 首先了解交易风险,管理风险才能获得收益。

☆ 了解每笔交易的风险。如果你不能接受,那么不要进行交易。

☆ 确定你的个人倾斜数字,不要超过这个数字。

☆ 管理每笔交易,降低风险并控制损失。

☆ 保护资金是你的首要目标。

第8章　重视新闻

制定有效的策略，并准确地实施该策略，就会确保交易成功吗？不是的。还有一件事情可能会在短时间内毁掉你的计划，并破坏你的业务。那就是新闻，你绝对不能低估新闻的重要性。如果美联储主席艾伦·格林斯潘（Alan Greenspan）突然发表关于经济的公共声明，那么市场就会作出一定的反应。当恐怖分子成功实施一个毒辣的阴谋时，你要坚持住，因为市场将会出现一个大波动。当重要经济报告定期发表时，那么市场必然会作出一定的反应。新闻对金融市场的影响是难以估量的。

每个交易者都应重视两类新闻：突发性新闻事件和定期经济报告。即使是听起来与经济没有丝毫关系的新闻事件，也会深刻地影响市场。政治事件、社会事件和军事事件都会影响金融和经济领域。有影响力的世界领导人被推翻、战争爆发、和平解决敌对或动荡的世界局势，或者发生了其他事件。这些新闻的影响既可能是短暂轻微的，也可能是重大持久的。但我们无法提前知道。新闻是市场中的重大未知因素。因此，你必须为新闻的发生做好准备。

很明显，突发性新闻会震惊交易者。我们无法知道恐怖袭击会发生在哪一天，也无法知道世界领导人何时被暗杀。交易会带有一定程度的意外，而新闻便是其中一种意外。但是大量的经济数据会定期发表，而且我们可以事先知道这些经济报告发表的时间。这仅仅需要一些调查和计划。

各种政府部门和教育金融机构会定期发表大量的经济报告，关键是当这些报告发表时，要准确预测这些报告的市场反应。但是，不要这样去做。正如每个交易者所熟知的，预测市场对新闻的反应是不可能的。有时新闻是积极的，但市场的反应却是消极的。而有些新闻似乎是负面的，但市场价格却一路上涨，因为机构投资者和公众原来准备接受的是更加消极的新闻。因此，根据新闻进行交易是有风险的，我不建议你这么做。但是，我建议你要重视各种经济新闻，并且了解定期新闻发布的时间。另外，自我教育也是非常重要的。找出一个经济日历，在每个交易周开始前检查一下。你可以从《巴伦周刊》（Barrons）、《华尔街日报》（Wall Street Journal）、日内交易研究所（DTI）或其他信息来源处了解新闻。

突发性新闻可能会毁了你一天的交易

我查看了过去几年中影响市场动态的新闻事件，毫无疑问，最重要的事件是2001年9月11日的新闻。那天是星期二，我在亚拉巴马州的学校里给高年级的学生上课。我不记得准确时间了，但应该是上午7点（中部标准时间）之后，我们进入期货市场。那时市场走势强劲，这从指标中就可以看出来。我们以1098.00的价格多头交易电子迷你标准普尔股指期货。交易按照我们预定的方向进行，然后标准普尔股指期货上升到了1102.00。我们的保护性止损点设置在了1100.00，并且我们很确定此时我们是盈利的。我站在教室前边上课。我们的首席指导杰夫·史密斯和学生们坐在一起观察市场数据。在教室前面有一个很大的屏幕，显示我们的路线图软件，并显示市场实时报价。

大约在上午7:45，杰夫发现市场的反应很奇怪，这也引起了我们的注意。标准普尔股指期货出现了逆转，然后价格开始飞快下跌。那时我们已经从市场中获得了利润，并且随着标准普尔股指期货价格的上升，我们也相应地调整了保护性止损点。但是市场不断下跌，甚至达到了我们的保护性止损点。我们都很惊讶，不知道为什么市场会出现如此快速的逆转。当时我们都不知道发生了什么，但是在交易日的这个时间出现这一动向是很反常的。在教室中有两个电视是开启的。尽管我们盯着电视，我们却没有听进去。突发性新闻在交易中是非常重要的，通常我们只需要时刻关注世界新闻就足够了，但今天却与以往不同。此时没有发表定期经济报告，但是我知道某地发生了新闻事件。以前我看到过这种动向，我知道通常是与新闻事件有关的。因此，我让杰夫出去看看是否发生了什么突发性的新闻事件。

几分钟后，杰夫回来告诉大家，一架飞机撞击了纽约双子塔。就在这时，该新闻出现在了教室的电视上，我们看到了浓烟和建筑物的坍塌。但我们没有往恐怖袭击这方面想。我们认为发生了一些意外事件。可能是设备出现了故障，或者是飞行员犯了可怕的错误。我们知道出现了问题，但是和大多数美国人一样，我们并没有深入地去了解这一状况。几分钟后，我们看到第二架飞机撞向另一幢楼。然后，我们知道美国和市场都陷入了麻烦之中。标准普尔股指期货以飞快的速度下跌到1079.00。在出现短暂的回升之后，价格上升到了1087.00—1088.00之间。但是，这个价格只是暂时的，很快价格就开始出现大幅下跌。

上午8:15（美国中部标准时间），标准普尔大宗期货合约在全球电子交易系统中停止了电子交易。15分钟后，由于抗议之声此起彼伏，标准普尔股指期货在芝加哥商品交易所再次开盘。但是，在芝加哥商品交易所再次开盘之前，纽约股票交易所和纳斯达克宣布关闭一天。标准普尔股指期货在上午8:30（美国中部标准时间）开盘，但这仅仅维持了10分钟。芝加哥商品交易所想让交易者出手其股票，并结算账面，因为没有人知道接下来会发生什么。在那10分钟内，市场不断骚动，然后继纳斯达克和纽约股票交易所之后，标准普尔股指期货停止了交易。

市场关闭了一周。在第二周的星期二才重新开盘。这次袭击震惊了整个世界，并且让世界陷入了悲伤的氛围中。每个人都需要时间来理清思绪，考虑一下形势，并为市场的开盘做好准备。

9月18号，星期二，在市场开盘之前，格林斯潘举行了新闻发布会。他宣布美联储将下调利率。他的话再一次增加了人们的恐惧，并且给已经风声鹤唳的市场增加了更大的不确定。最终，当华尔街开盘时，价格一路下跌。9月19日，标准普尔股指期货达到了1017.50的低点。9月20日，价格下降到938.50，并且还在不断下跌中。到2002年10月10日，标准普尔股指期货跌至谷底，报价为767.25。

9·11事件带来的影响是深远持久的。请记住那天早上我们的交易，我们以1098.00的价格买入标准普尔股指期货，随后市场一度触及1102.00。而那一年中，标准普尔股指期货下跌了300多点。当然，不仅是由于恐怖组织撞击了双子塔，也是由于人们对其他可能发生的袭击和战争的恐惧，以及整个国家都笼罩在不确定的氛围中。

我不知道我们国家将会在9月11日出现这一灾难。我像往常一样进行交易，并且像往常一样实施我的策略。但我和学生都很幸运，因为我的策略的一部分是使用保护性止损点。我们在市场中持有股票，但我们没有遭受重大损失，因为我们做好了准备。在市场达到我们的止损点时，止损点将我们赶出了市场。我坚信市场会告诉你何时应该抛出你持有的股票。如果你的股票达到了保护性止损点，并且你承受了少量的损失，这很正常。市场是在委婉地告诉你，你犯错了。你在分析或者在执行中出现了错误，你需要重新进行组合。

另一个面对突发事件而交易成功的例子发生在乔治·布什总统的第二届选举期间。我知道市场将会对选举结果作出一定的回应。在选举那天，我进行交易并赚了钱。那天晚上选举结果揭晓了，市场反应积极，因此我赚了很多的钱。那天晚上我是多头交易，所以我的利润不断增加。我强烈地感觉到此次选举会成功。很显然，许多交易者跟我一样，所以我们获得了成功。但是，即使我相信我的决策是正确的，我仍然使用了保护性止损点，以防市场的动向与我的分析出现偏差。

还有一个根据新闻进行交易的例子是萨达姆·侯赛因被捕后的那个星期天下午。我知道市场将会对此新闻作出积极的回应。因此，当市场开盘时，我买入股票，而那一晚我也赚了钱。市场不会长时间呈现上涨趋势，但是上涨势头猛烈时，我可以赚钱。另外，为防止我作出错误的决定，我会使用保护性止损点。我不会将自己完全暴露在市场的不确定性之中。

回想起我在美国空军服役的日子，我是一个长官。高速喷气式飞机中有一个弹射机制，面临严峻状况的飞行员可以通过这个机制从飞行器中逃出。我从来没有经历过严峻状况，但我知道不得不逃离是非常恐怖的。但这也是挽救飞行员生命的唯一途径。同理，使用保护性止损点也是日交易者的套利途径。如果突然发生出人意料的新闻，使交易者陷入了困境，面临着巨大的潜在危险，那么保护性止损点就可以挽救他，使他不至于机毁人亡。

花了很长的时间，市场才从 2001 年 9 月 11 日的恐怖袭击中恢复过来。事实上，这花费了数年的时间。但是，2004 年年底，华尔街乐观主义者推动市场大幅上涨，然后市场回升到了 1100.00（尽管非常短暂），甚至更高的价格，而这正是我们在恐怖袭击时所期盼的。

每日市场的先行者：定期经济报告

除了不可预测的新闻事件，还有每月发布的定期经济报告。有些报告是由教育机构编写并发布的，一些是由行业监管机构发布的，还有一些是由政府机构发布的。我选择了 10 多种对华尔街影响最大的报告。这些报告的讨论顺序不会影响其重要性。有时一个报告对市场会产生很大的影响，而有时市场似乎并不关心该报告。这取决于经济的许多因素。不管怎样，了解这些报告，并知道它们发布的时间，做好相应的准备，这才是明智之举。

以下将讨论一些你需要留意的最重要的定期新闻事件。

美联储报告和公告

美联储，简称 Fed，是在 1913 年伍德罗·威尔逊执政时期创立的。美联储，作为美国国家银行，目的是控制美国的货币政策。美联储作为一个权力机构，它是由 7 位成员组成的董事会，这些董事由总统任命，并经参议院批准。除了董事会，美联储还包括 12 家地区性联邦储备银行、美国联邦公开市场委员会（FOMC）、会员银行以及顾问委员会。FOMC 每年举行 8 次正式会议。艾伦·格林斯潘从 1987 年到 2006 年担任美联储主席。当格林斯潘发表讲话时，全世界的交易者都会密切关注。

美联储可采取多种手段控制通货膨胀、调节货币供应量并保持经济平稳。首先美联储控制贴现率，也就是商业银行和托收行向美联储借钱时，美联储向其收取的利率。美联储规定了银行的准备金要求，也规定了会员银行的货币储备量，以便来支付存款。最后，通过公开市场操作，美联储控制着政府债券的买入和卖出，从而控制存管制度中的储备水平。如果你想了解更多美联储系统，可以登录他们的网站 www.federalreserve.gov。该网站中包含大量信息，包括新闻发布、统计资料、报告和其他可能对你有用的信息。

正如我所说的，美联储及其主席艾伦·格林斯潘能够影响市场。几年前，我的朋友大卫和我在夜市中进行交易。我们坐在我的办公室中，进行多头交易大标准普尔股指期货。我们的交易进展得很顺利，然后我们坐在沙发上看了一小会电视。大卫非常高大。他有6英尺6英寸那么高，并且他的重量也绝对配得上其身高。相比之下，我就矮多了，并且重量也少很多（可以说我更好看点）。

突然格林斯潘出现在屏幕中。毫无预兆地，他面对媒体评论着那时我们正经历的牛市。不知为什么他将股票价格的上升称之为非理性繁荣。听到这些话后，我扑向电脑。大卫也向电脑扑去，但我把他像布娃娃一样扔到一边。我的钱正在线交易，我知道这是很危险的。很快我抓住了鼠标，并出手长线股票。我知道市场将会急剧下降，而且稍后市场也确实急剧下降了。我有力且快速的冲刺挽救了我们几千美元的损失。

多年来，格林斯潘举行了多次新闻发布会，并且多次出现在参议院和众议院前。由于一些原因，他总是惊扰市场。小心点，当他正在讲话或者他出现时，如果你未了结头寸，那么把你的手放在鼠标上吧。没有人比艾伦·格林斯潘或现任美联储主席更有能力影响市场。成为美联储主席是非常有影响力的。

另一个需要你关注的新闻事件是联邦公开市场委员会（FOMC）的新闻稿。每当8次正式会议中的任何一次结束时，新闻稿将会密切关注其所采取的行动。2004年年底和2005年年初，美联储不断地上调利率，以应对日益严重的通货膨胀。密切关注FOMC的公告吧，因为市场会快速并坚决地作出反应。了解美联储何时发布报告，不要搞得措手不及。

如果你是新手交易者，我强烈建议你在美联储发布报告时远离市场。在这段时间，市场会作出迅速的反应，并且极其波动。如果你没有紧随市场趋势的话，你会付出沉重的代价。但是我承认我多次在美联储发布报告期间或发布报告不久进行交易。记住我已经交易了约 30 年了，我知道如何迅速进入市场，也知道如何迅速撤出市场。我的决策不可能总是正确的，但在这些新闻中进行交易，我还是赚了钱。通常，我会等待新闻公布后根据市场指标决定进行多头交易、空头交易还是退出市场。如果你的决策是正确的，那么此时是非常盈利的，你可以在很短的时间内赚取丰厚的利润。

另外，我强调一下，美联储是一个巨大的市场先行者。如果你不是经验丰富的交易者，不知道将会发生什么以及如何回应，那么不要根据这个新闻进行交易。让市场来消化这个新闻后再进行交易。

国内生产总值（GDP）

另一个可以给予市场重击的报告是国内生产总值（GDP）。GDP 是由美国商务部经济分析局编写并发布的。GDP 通常被看作是国内经济是否健康和良好的最广泛的量度。GDP 是指美国境内劳动和材料所生产的商品和服务的总输出。GDP 可以反映出国家的总供给和总需求。

GDP 在上午 7:30 发布，每季度发布一次。但是先期数字、初步数字、最终数字和修订版也会定期发布。我建议你在各种数字发布时查看经济分析局的网站 www.bea.doc.gov。

GDP 是一个非常重要的报告，也是公众高度关注的报告。它可以检测到经济增长或停滞的早期迹象。通常如果 GDP 数据良好，并且经济增长势头强劲，那么投资者和交易者将面临看涨行情。但是，如果经济增长势头过猛，那么可能带来对经济问题的恐惧。不管怎样，GDP 是一个非常重要的报告，每个交易者都要密切关注这个报告。我建议你在这些数字发布时袖手旁观吧。等它们公布出来，让市场先行者来消化它们，然后再用你的账户余额进行风险投资。

消费者物价指数（CPI）

消费者物价指数（CPI）是用来衡量通货膨胀的最广泛的指标。劳工部每个月都会确定一揽子商品或服务在城市大都市区的价格。这一揽子商品包括同样的物品，如食品、住房、衣服、医疗保健、交通、教育、娱乐，以及其他商品和服务。将这一揽子商品该月的价格与上月或上年的价格相比。

CPI 被认为是消费行业中最能反映通货膨胀的指标。该指标不仅应用于政府部门，同样也被劳工和工业部门所应用，来指导经济决策。CPI 的发布会对华尔街产生重要影响。如果该数字反映出较高的通货膨胀，那么投资者可能会担心经济放缓，因为商人和消费者不得不勒紧裤腰带过日子。如果通货膨胀过高或者如果金融市场太紧张，CPI 的发布可能会导致看跌行情。或者，如果通货膨胀程度较小，那么市场看涨势头可能更加强劲。

每月中旬左右，劳工部会发布 CPI。发布的数据可见美国劳工部劳工统计局的网站。但是有时发布的数据可能会改变。因此，每月查看一下《巴伦周刊》（www.barrons.com）或其他来源，从而确定 CPI 的准确数据。这是非常重要的经济信息。不要搞得自己措手不及。

生产者价格指数（PPI）

就像 CPI 一样，生产者价格指数（PPI）也会记录一段时间内某些商品和服务的价格变化。但是，这两个指数有很大的不同。CPI 衡量的是消费价格，而 PPI 衡量的是生产价格。PPI 有数千个。美国经济领域内，每个行业都会有一个 PPI。所有 PPI 可以反映出劳工部每月公布的总 PPI。

PPI 的主要用途之一是作为预警经济指标。PPI 可以在零售行业出现价格变化之前发出预示信号。这一信息可以用于多个方面，但主要的用途是美联储用来确定财政金融政策。

就像 CPI 一样，PPI 在多个日期发布，但通常在每月中旬的某个时间发布。同样和 CPI 一样，根据具体情况，PPI 可能对市场产生重大影响。了解它何时发布，并做好相应的准备吧。

密歇根大学消费者情绪指数（MCSI）和消费者信心指数（CCI）

密歇根大学每个月都会就消费者如何看待经济进行相关调查。这项调查的目的在于确定消费者如何看待消费。他们购买车辆、房子、衣服以及其他商品和服务吗？或者他们紧紧地抱着自己的钱袋？每个月都会调查5000个家庭，上个月的最终调查结果将在每月的第一个工作日公布。初步调查结果将在该月的第十天公布，周末除外。

密歇根大学消费者情绪指数是一个落后指标，也就是说它只能反映经济已经发生的变化。毫无疑问，这一指标非常重要，因为它可以确定经济形态。消费者每个月都持续消费吗？或者是否出现了经济衰退和消费支出回升的迹象呢？制造商、零售商、银行以及政府机构等实体会根据这一指标作出金融决策。如果消费者放缓自己的消费，企业可能不再进行招聘或减少工作人员，他们可能减少库存或放慢生产。同样，如果数字很强，企业可能选择扩张或发展。他们可能对生产和人员进行更多投资，从而满足消费者的期望。

另一个衡量消费者信心的指标是消费者信心指数（CCI）。这些数据是由消费者信心董事会收集并发布的。正如密歇根大学报告一样，消费者信心指数也只是调查，并不会收集消费者实际支出的数据，而是调查消费者的支出计划或不支出计划。

我知道有些交易者认为这些报告只是一堆胡言乱语。我发现有时消费者信心数据公布后，市场似乎并不关心。但是，消费者信心会发生显著的变化，这便是市场的回应。当然消费者持续的信心或恐惧是非常重要的。不管个人如何认为，许多分析家会认真观察这些数据，他们认为这些数据是非常重要的，也是非常精确的。

作为交易者，你需要了解这些数据何时公布。不要在这些数字公布时在没有保护性止损点的情况下进行交易。你肯定不想被市场突然出现的重大反转打败。同样，获得此信息也有很多途径。《巴伦周刊》是一个途径。

你也可以访问我的网站 www.dtitrader.com，在这里我会为学生公布每周和每日新闻综述。

建筑支出

商业部收集关于住宅和商业建筑的数据。这些数字非常不稳定。也就是说，由于其他因素可能会影响建筑，所以他们可能每月发生巨大改变。这些数字也经常进行重大修订。这些数字在每月的第一个工作日公布。公布的数据是两个月之前的。该报告通常在上午9:00公布。

同样，这些数字可以使市场发生变动。如果经济已经展现出走强的趋势，那么良好的数据可以增加经济的乐观前景。如果经济有些疲软，那么糟糕的数据就是压垮骆驼的最后一根稻草。有些时候，市场似乎并不关心这一数据。你只需了解这些数字何时发布，不要让自己措手不及。

房屋开工率

房屋开工率与建筑支出不同，房屋开工率只计算住宅单位。单户住宅和公寓通过发放建筑许可证记录下来。这些数字也是由商业部发布的。它们在每月中旬上午7:30发布。这是一个领先指标。也就是说，它是经济的预测器。

这是一个需要评估的重要报告。每个区域的数据被收集并编写成一个报告。这一数据是可以改变的，因为某个区域发生危机可能改变建筑房屋的实际数量。我住在墨西哥海湾，台风是我们的一大困扰。例如佛罗里达州的台风。2004年，该州经历了可怕的天气问题。许多计划建造的房子没有如期进行，还有许多房子被台风损坏后进行重建。其他地理区域可能会受泥石流或地震的影响。所有这些与天气相关的事件都会影响房屋开工率。因此，房屋开工数是高度波动的，这个数字会根据实际条件进行重大修正。

有些人可能认为较高的房屋开工数可能对熊市有利，但是情况并不总是如此，因为当房屋开工率很高时，也可能标志着出现了通胀条件。房屋开工率与利率有着密切的联系。通常利率较低时，房屋开工率会较高，因为此时购房的钱是现成的，而高利率会阻碍购买和建筑。

同样，房屋开工率是非常重要的。华尔街非常看重这些数字。有时这些数字影响市场变动，而有时无关紧要。无论怎样，你只需准备好应对市场的反应即可。

供应管理协会（ISM）

这是一个领先指标，通常政府和经济学家都会使用这一指标。这一报告通常在每月第一个工作日发布。它衡量的是制造业和非制造业的采购。如果工业采购出现迟缓，经济便会低迷。同样这一指标也可以预测下一个月经济将会怎样。

这一报告可以显示经济下跌或上升。它是主要的市场先行者。你要留意这一指标以及其对市场的影响。

就业成本指数（ECI）和经济形势

在4月、7月、11月下一年1月的最后一个星期四，劳工统计局发布其对用人单位雇佣费用的调查结果。这个报告每个季度发布一次，并且在上午7:30发布（美国中部标准时间）。这一调查针对的是劳动成本、工资和用人单位的利益。如果工资上涨，这可能是通胀上升的先兆。

另一个劳工统计局发布的工作报告是经济形势报告。这一报告包括失业量，以及失业率的变化。这一报告也包括新增就业机会。这一报告发布非常及时，覆盖地域广泛，通常包括大部分制造行业以及美国经济的工业部门。许多交易者认为这一报告可以反映出整体经济的健康状况。

根据我的经验，通常当经济状况较好时，市场不会过多关注这些工作报告。其他指标则会优先发挥作用。但是，在经济低迷时期，你需要仔细研究工作报告，如果数据比较糟糕，那么市场可能会更加低迷，那么你要小心了。

建议：了解重要报告发布的时间

劳工部、美联储、密歇根大学以及其他许多机构会定期发布报告。在你开始日交易之前，了解定期发布的报告。我教导学生一定要时刻关注未来的新闻事件。你可以购买一些服务来向你提供这些信息。例如，我的学生会使用我的报告，作为进入市场前的规划。这一报告中，我列出了定期的新闻事件和他们的发布时间。金融报纸和杂志也会详细介绍此信息。《巴伦周刊》作为金融报纸，每周出版一次，它详细介绍了前一周的金融报告，并预测下一周的经济形势。有时《巴伦周刊》也会针对定期新闻对市场的影响作出预测。

你如何了解定期新闻事件是不重要的，重要的是你知道这一新闻是爆炸性的，并且为此做好准备。我通常采取的策略是当定期经济报告发表时，远离市场。因为有些报告是主要的市场先行者，你并不想因为作出了错误的决定而遭受灭顶之灾。通常随着新闻的发布，市场会出现快速强烈的波动。你可能认为市场会上升，但是几分钟甚至几秒钟之内，市场会出现反转，并且以更快的速度下降。通常，新闻发布后，市场会在3或4分钟内发生动荡，并消化此新闻。然后，交易所开始稳定下来，此时你可以分析数据和影响，并进入市场进行交易。

回顾

新闻对交易者来说是非常重要的，因为新闻会影响市场的波动。新闻有两种类型：出人意料的突发性新闻和定期新闻事件。预测突发性新闻是不可能的。但是，你没必要完全受突发性新闻的支配。你可以并应该利用保护性止损点进行交易，这样即使发生什么事情，止损点也会将你带出市场，而不至于遭受重大损失。记住基本规则：不要在没有止损点的情况下进行交易！

定期经济报告也可以影响市场的波动。美联储、劳工部、商业部或其他机构和组织会定期发布公告。作为交易者，你必须了解这些报告发布的时间，并为此做好准备。我的建议是在新闻发布前退出交易，特别是新手交易者。如果你没有进行交易，那么在新闻发布之前和投资者作出反应之前远离市场吧。不要忽视新闻，新闻是非常重要的。重视新闻才能保护好你的资金！

 经 验 总 结

☆使用保护性止损点进行交易,从而为突发性新闻事件做好准备。

☆在每天交易前查看定期发布的经济报告,有些报告可以让市场行情上升或下跌。

☆在定期新闻发布时远离市场,等市场稳定下来再进行交易。

☆不要试图预测新闻或新闻的影响,你做不到的!

☆不要沉迷于受新闻影响的市场。市场可能快速上升,但如果这一动向是受了新闻的影响,那么市场下跌的速度可能是上升速度的两倍。

第 9 章　切入正题

自 20 世纪 70 年代以来，我一直从事交易。多年来，我专攻期货市场，特别是标准普尔股指期货和法兰克福期货，但是我也交易过其他所有的东西。除了期货，我交易过股票、债券、共同基金、黄金、石油、期权、货币，以及其他可以交易的东西。这一章，我将分享一下交易这些股票时所采取的基本步骤。每一部分后，我都会给出交易时使用的清单。我相信理解标准普尔股指期货对交易各种股票都是非常有用的。我利用它来交易股票、共同基金、债券，以及其他东西。

在法律学校我学到了一种分析问题并确定是否支持既定命题的简单方法。我看到考试问题后，我会在答题纸上画大写字母"T"来进行分析。在 T 的左边列出应该支持既定命题的理由，在右边列出应该反对既定命题的理由。然后我对这两边进行衡量并分析，最后决定是支持还是反对既定命题。许多人使用 T 区方法来做出商业决策。我建议你也使用这种方法来进行交易。

在确定如何交易时，我会画一个 T，然后一边列出做多的理由，另一边列出做空的理由。多年来我都使用这种方法，因此现在我不用都写下来，而是在心里经历这个过程的。如果做多和做空的理由一样多，我就会远离市场，做一个旁观者。现在我以一些主要市场为例来解释这一疯狂的方法。

交易期货指数

我几乎每天都会交易标准普尔股指期货、法兰克福指数期货、道琼斯指数期货或纳斯达克指数期货。我认为不论你交易什么股票，了解期货市场是非常重要的，因为通常期货能准确预测市场整体动向。很明显，我首先要选择一个要进行交易的指数。如果宏观市场是看跌行情，并且某个市场比其他市场低迷，我会交易那个低迷的市场，它可能是第一只下降的股票。相反，如果宏观市场呈现强劲的看涨行情，并且标准普尔股指期货或道琼斯指数期货比其他期货市场更加活跃，我将交易这两个期货。记住要选择市场的"领头羊"进行交易。

其次，我通常在某个固定时间交易固定的指数。一般我在上午9:30之后交易道琼斯指数期货。因为我发现道琼斯指数期货要经过数个小时才能确定其动向，我会在其动向明了之后进行交易。虽然也有例外，但通常我是那样做的。如果交易标准普尔股指期货，通常我会在上午9:00到10:15进行，或者在下午1:00或2:30进行。同样，经验告诉我这是一天中最好的交易时间。

我喜欢在清晨交易法兰克福指数期货。这一期货在凌晨2:00开盘，而我会在凌晨3:30、上午6:00或者当我交易标准普尔股指期货时交易该期货。记住交易是一门艺术，交易没有固定规则，但以上是我的经验法则。在交易很长时间后，我知道什么时间应该交易什么市场。

通过宏观市场来观察当前市场

在交易之前要宏观了解市场。宏观市场是牛市还是熊市呢？我会使用年度趋势线（前面已经讲过）来分析这一问题。如果我们现在的交易价格高于年开盘价，我会在T的看涨区标记"+"号。这是支持长线交易的一个标志。如果目前交易价格低于年度开盘价，那么我会在T的看跌区标记"+"号。我也会看月开盘价。我们的交易价格高于月开盘价吗？如果这样，我将在看涨区标记符号。如果交易价格低于月开盘价，那么我就在看跌区标记符号。

接下来，我会仔细观察目前市场。我会收集一些数字。我想了解昨天交易的高点和低点，因此我会通过观察标准普尔股指期货来获得此信息。我也想知道昨天中午 12:30 的交易价格。在夜市中标准普尔股指期货的交易如何呢？在全球电子交易系统中的高点和低点是什么呢？另外我要收集两个数字：法兰克福指数期货在上午 6:00 的价格，以及标准普尔股指期货在凌晨 3:30 的价格。我会记录下所有这些数字，并仔细研究。标准普尔股指期货目前的交易价格高于昨天的收盘价吗？那么就在牛市区画一个标记。昨天中午 12:30 的交易价格是多少呢？目前交易价格低于昨天中午 12:30 的交易价格吗？那么在熊市区画一个标记。我在工作表上记下这些数字，并比较一下，牛市和熊市哪个比较强劲？

收集关键数字

在交易过程中，我时刻关注日交易的数字。标准普尔股指期货的开盘价是多少呢？我们现在的交易价格高于还是低于开盘价？我观察 30 分钟棒状图。棒状图中呈现的是看涨还是看跌行情呢？与最近 30 分钟棒状图相比，我们的交易价格高还是低呢？高或低多少呢？我记录所有这些数字，并将看涨标记与看跌标记对比。是不是一边多于另一边呢？如果这样的话，我会按照标记较多的一边进行交易。我的入市点在哪里呢？我会根据关键数字来做决定。市场将在哪里形成支撑线呢？在哪里形成阻力线呢？我使用 30 分钟棒状图、历来关键数字以及重要交易价格（比如日开盘价、昨天的收盘价）来帮助我找出需要注意的关键数字。如果我买入，我将买入止损点设置在稍高于下一个可辨别阻力线之上。我知道如果市场足够强劲从而打破该阻力线，那么价格会移向另一个阻力线。同样，如果我卖出，那么我将卖出止损点设置在稍稍低于支撑线的地方。在支撑线被打破之后，我知道市场很可能继续下跌到下一个支撑线。

注意时间

时间是另一个需要考虑的重要方面。我想在交易区或者可能盈利的时候进行交易。我不喜欢空等。时间是非常重要的，因此我在第 2 章中专门进行了讲解。理想状况下，我进入市场，并赚取一部分利润后会快速出市。我可能将一部分股票多留在市场中交易一会，但我不想成为坐以待毙的大男孩。这就是时间非常重要的原因。

关注指标

除了数字和时间，我也关注指标。前面我已经讲解了几个我比较喜欢的指标。如果我想买入，那么我会选择所有主要指标正确的时候进行。纽约证券交易所发行量为+500 的正常范围，并且纳斯达克发行量同样也是不断增加。同样 TICK 也要是正值。我更希望看到数字高于 300。我也关注 TTICK（我的个人指标）。如果 TTICK 为+10 或更高，我知道这时的市场比较强劲。我不知道多头市场还会持续多久，因此我想利用这一趋势进入市场，快速赚取一部分利润后退出。我也关注成交量指标。我更喜欢我发现的 V-因素，但你也可以使用其他指标。随着成交量的增加，市场会有不同的反应。我发现的市场动向是否强劲呢？在关注数字、指标、时间的同时，我也会查看 T 区相应的一边（图 9.1）。如果 TTICK 显示为+11，那么买入的一边会标上"+"。同样，若 TTICK 为-13，那么卖出的一边会标上"+"。我关注这些符号是如何堆积起来的。

确认

一旦我发现市场定位，那么我会通过观察其他市场来进行确认或否认。如果我正在交易标准普尔股指期货，我会观察法兰克福指数期货和道琼斯指数期货。它们的交易如何呢？如果我计划买入，其他期货指数也应该是看涨行情。我会找到其他市场的支撑点和阻力点，并且密切关注它们。法兰克福指数期货和道琼斯指数期货也会显示我的交易是正确的，甚至会打破阻力线。我绝对不想看到它们下跌，甚至跌破支撑线。如果它们真的下跌了，我明白我的多头交易有麻烦了，因此我会做出相应的反应。

很明显，你没时间看每一个数字和指标。那么你就查看最重要的吧，观察这些数字和指标在告诉你什么。然后决定进行做多、做空还是退出市场。如果你不确定，那么就不要进入市场。市场是波动的，还会有很多交易机会的。我们必须谨慎行事，不断地进行风险管理。记住管理风险才能获得收益。

关注新闻

最后，在点击鼠标之前，我会查看定期新闻事件。每天早上我都会先查看即将发布的新闻报告。定期发布的新闻是非常重要的。如果上午9:00即将发布某个重要报告，那么我会等报告发布后，并且等市场利用几分钟消化后再进行交易。在任何影响市场动向的新闻发布时，我都会遵循这一程序。突发性新闻是无法控制的，但我们可以掌握定期新闻。通常，定期报告发布后5分钟左右，市场会出现波动，然后它会很快平静下来。那时，我才能轻松地确定华尔街的心态，并确定接下来该怎么做。

是否进行做多

支持	不支持
标准普尔股指期货高于开盘价	纳斯达克指数期货比以前最小节点低
标准普尔股指期货高于以前的最小节点	标准普尔股指期货低于隔夜交易最高点
道琼斯指数期货高于开盘价	时间，临近收市
道琼斯指数期货高于以前的最小节点	道琼斯指数期货低于关键数字10200
参考线3突破更高点	新闻：效率和成本

资料来源：www.dtitrader.com

图9.1 使用T区来帮助我分析交易

点击鼠标

一旦我认为时间和价格是合适的，我就准备进行交易。我在第6章中讲述了我的交易方式，此处我只是稍微提醒你一下。我使用一个简单的"三步走"方式，我称为3T交易法。这种方法帮助我应对恐惧和贪婪，同样也扩大了利润，并缩小了风险。我以 3 个增量的方式进行交易，从而获得不同等级的利润。我结算第一部分，从而获得少量利润，我将此部分称为最小变动价位部分。在理想情况下，我试着用少量利润来清算第三家公司。对于标准普尔股指期货，我努力获得 0.75 点利润；对于道琼斯指数期货，我的目标是 3 点；对于法兰克福指数期货，我的目标是 1.5 点；而对于纳斯达克指数期货，我的目标也是 1.5 点。接下来，我会交易另外 1/3 的股票。这部分成为交易部分，对于标准普尔股指期货，我的目标是获得 1.5 点到 2 点的利润；如果是道琼斯指数期货，那么我会努力获得 6 点到 8 点；对于法兰克福指数期货，我会努力获得 3 点到 5 点；而纳斯达克指数期货，我的目标是获得 5 点。如果市场快速反转，或指标显示将会出现危险，那么我会在最小变动价位部分和交易部分结算 1/3 以上的股票。时刻关注市场指标并看盘，以便做出相应的反应。

  我从来不会用市场或指数的真实波动幅度均值的 1/3 以上进行冒险交易。一旦我成功地结算了前两部分股票，我将止损点移动到盈亏平衡的位置，并进行评估。我可以利用最后一部分股票来紧随市场趋势。我可以整天持有这部分股票，也可以找出下一个支撑点或阻力点，并在达到该支撑点或阻力点时结算最后一部分股票。不论如何，我将止损点移动到不会遭受损失的地方。如果我够幸运，并且有一定的技巧，那么我可以在市场收盘时结算这部分股票，从而扩大我的利润。

  简单地说，那就是交易指数期货的过程。这一过程围绕着关键数字、时间和市场指标进行。我不断地审查数字，并查看目前市场状况。我并不是时刻正确，同样你也不是。关键是管理你的风险。当你犯错误时，你一定不想输个精光。尽力降低损失，扩大利润吧。这需要经验，所以慢慢来，不断降低风险。

  本章中我列出了自己在清晨的工作单（图 9.2）。我教导学生每天在交易之前填写这些工作单。通过收集信息，并研究这些信息，你可以更好地分析市场。

前一天最高点				
前一天最低点				
全球电子交易系统开盘价				
全球电子交易系统最高点				
全球电子交易系统最低点				
全球电子交易系统收盘价				
周开盘价				
周最高点				
周最低点				
3:30 的开盘价				
观察的序号				
参考美国线	开盘价	最高点	最低点	中点
15:30—16:00#1 标普				
纳指				
道指				
3:30—4:00 #2 标普				
纳指				
道指				
8:30—9:00 #3 标普				
纳指				
道指				
12:30—13:00#4 标普				
纳指				
道指				

资料来源：www.dtitrader.com

图 9.2 清晨工作单

交易指数期货的检核表

1. 选择交易市场。
2. 了解宏观情况。
3. 收集关键数字。
4. 检查时间（你需要流动性和波动性的时间）。
5. 读取指标。
6. 确认。
7. 查看新闻。
8. 点击鼠标。

交易互助基金

数百万美国人都会交易互助基金。而大部分人通过雇佣专业基金经理来监管。这种做法有好的方面，但有时也会带来灾难。基金余额可能会大幅度波动，这取决于市场的状况。我选择交易互助基金，当然我有一个实用的方法，以下便是我如何做到的。

我使用双重战略。我将账户的80%用于传统互助基金，20%用于指数化证券投资基金，从而我既可以进行做多，又可以进行做空。其中这样的基金有瑞德克斯。瑞德克斯基金的目的在于使用日交易法来交易账户余额。瑞德克斯基金每天最多可以交易两笔。也有其他相似的基金。

交易互助基金的盈利目标是10%—20%，我承担的风险不超过5%—10%。这是比较理想的数字。

多元化投资

交易互助基金时，我会进行多元化投资。因为这是长期工具，我不会把所有鸡蛋都放在同一个篮子里。很明显，我会投资能够获得收益的基金。每年年底，我会核对账户，然后找出哪些基金较好，哪些基金需要除去。我关闭损失的交易，继续进行盈利的交易。

在每年初，我会观察行业类股，并找出去年最好的行业类股。我找出去年行业类股的前 10 名，然后去除前两名，最后只考虑 8 只行业类股。记住我将 80% 的基金投入到互助基金上。因此每只基金我会投入 10% 的余额。如果有 100000.00 美元的账户余额，那么这就意味着每个账户我将投入 10000.00 美元。然后，我继续观察等待。

在第一季度末，我会对股票进行作价。退出最糟糕的 3 个行业类股，然后将钱重新分配到最好的 5 只股票上。这种分配可以降低风险，并将我的资产放在所持有的最强劲的基金上。第二季度之后，我再一次作价和分配。我去除两个最糟糕的基金，然后把钱分配到前 3 只基金上。

第二季度结束后，我已经缩小到最好的基金上。由于我的目标是赚 10% 的利润，一旦我达到了目标，我必须做出决定：我要继续持有基金还是退出呢？如果基金看起来很强劲，我会退出一半的资金，然后用剩余的一半股票获得 10% 的利润。如果市场看起来正在减弱，我会结算股票退出市场，然后袖手旁观。

记住在本章中我所说的 T 区法。每季度对基金进行作价时，我只关注一个因素，即这笔基金是否赚钱，以及赚了多少钱？我的目标是去除最低迷的基金，保持最强劲的基金。

第三季度结束时，我再一次对剩余的 3 只基金作价。就像以前那样，我去除糟糕的基金，并重新分配资金。由于我只剩下 3 只基金，我会找出最糟糕的基金，然后将钱分配到最好的两只基金上。我持有这两只基金直到年底。第二年开始时，我会重新开始这一过程。

指数基金

你应该记得我只是将账户余额的 80% 投资互助基金，我会留下 20% 来投资指数基金。我投资指数基金来实现对冲，并从上升或下降的市场中盈利。我投资指数基金的方法与投资传统互助基金的方法是不同的。

年初时，我会记录标准普尔 500 和纳斯达克 100 期货的开盘价。我计算出开盘价以上和以下 2.5% 的偏差。如果达到了任何一个水平线，我会相应地进行多头或空头指数期货交易。我找出与市场动向相同的最强指数，然后相应地分配资金。例如，如果纳斯达克导致市场降低，并且低于年度开盘价 2.5%，我会将 2/3 到 4/3 的资金投入空头纳斯达克基金。我将剩余的资金投入空头标准普尔股指基金。这种分配方式可以有更高的收益，或者在市场下跌时，其他互助基金可以对冲损失。

如果市场与我预期方向相反，正如上述例子，当市场上升到年度开盘价 2.5% 以上时，我会出手股票。我不会逆向操作头寸，重新进入市场。我会等到下一季度开始后，再一次开始计算偏差过程。

如果市场与我预期方向相同，我会在第二季度开始时作价。我记录第二季度的开盘价，并再一次计算出开盘价以上和以下 2.5% 的偏差。如果市场继续按照我预期的方向发展，我会等待下一季度的开始时再进行这一过程。

这就是我交易互助基金的方式。我进行多元化投资，并不断监测和作价基金。我每一季度进行相应调整，从而保持最好的股票，退出下跌的股票。

交易互助基金检核表

1. 找出上一年中表现最好的前 10 只互助基金。

2. 除去表现最好的前两只。

3. 将账户余额的 80% 分配给剩下的 8 只基金。

4. 第一季度末，关闭最糟糕的前 3 只基金，将资金分配给剩下的前 5 只基金。

5. 第二季度末，重新分配资金。关闭最糟糕的两只基金，并将资金分配给前 3 只基金。

6. 我的利润目标是特定基金的 10%。如果我在第二季度末达到了此目标，我会关闭该基金或退出一半的基金来锁定 10% 的利润。

7. 在第三季度末，我去除剩下 3 只基金中最糟糕的，并持有剩余两只基金到年末。

8. 年末，我将其作价。新的一年开始时，我重新开始这一过程。

交易股票

在交易标准普尔股指期货时,有很多扩大日交易的方式。其中一种方式是随着标准普尔股指期货的价格变动来交易股票。当然,股票是证券,而标准普尔股指期货是商品。因此,它们需要的是两种不同的账户,并且在不同的交易所进行交易。但两者都可以进行电子交易,只是保证金要求不同,规则也不相同,佣金结构的差别也很大。

我既长期投资股票,又进行日交易股票。有上千种股票可以交易。每年初,我找出10只高性能股。我找出标准普尔500指数、道琼斯30指数,以及纳斯达克100指数,这些是交易最好的股票。

一旦我选择了股票,我就开始研究它们。那并不意味着我关注盈利、市盈率(P/E)或现金流动的基本分析。这意味着我观察股票,从而确定该股票的价格波动与标准普尔500的价格一致程度。在一天和一年的某些时间,它和标准普尔500指数的吻合程度如何?一些股票可以密切反映标准普尔500的波动,而其他股票也会有相同趋势,但一天中的某些时间会出现价格回升或纠偏。我想在交易股票前了解此信息。因此我会进行观察和学习。在交易股票之前,你应该先观察至少一周的时间,再了解它,并能够顺利交易它之后,再交易大笔股票。

我经常交易10只股票,其中的3只是QQQQ指数基金、钻石(Diamond)和斯匹德(Spyder)。这些股票与互助指数基金非常相似。QQQQ是纳斯达克100的一个指数股票,钻石同样也是,但其包括道琼斯股票,斯匹德是标准普尔股票。通过找出这些指数的支撑线和阻力线,你会学到很多关于股票的知识。当标准普尔打破阻力线,你可以买入斯匹德进行交易。或者相反,如果支撑线被打破,你可以卖出斯匹德。我特别喜欢交易QQQQ。因为纳斯达克每变动10点,QQQQ通常将向同样的方向移动0.25点。例如,如果纳斯达克期货从1543.00到1513.00抛售,那就是下降了30点,那么QQQQ很可能抛售大约0.75点(图9.3)。如果有1000股,那么就能赚到750.00美元的利润。

指数股票与普通股票相比有两个主要优势。第一，没有报升规则。对于普通股票，例如国际商业机器公司，如果交易者准备在市场中卖空100股，国际商业机器公司的股票价格必须在交易者卖空前上涨。对于QQQQ，如果交易者在市场中空头交易该股票，订单会立即被填写，因此交易者从整体动向中获益。

指数股票的另一个优势是受新闻的影响不大。经济新闻会影响世界市场，但个股更容易受到影响。如果美国证券交易委员会开展调查或者股票业绩不佳，个股彻夜交易可能下降10%或更多。指数股票没有业绩报告，而且CEO不会被解雇。因此，与个股相比，它们不会轻易受许多因素的影响。

我根据行业类股的势头和股票的历来业绩选择股票。在我列表中不断出现的一些股票有通用电气（GE）、弗劳尔工业（FLO）、苹果（AAPL）、易贝网（EBAY）、埃克森美孚（XOM）、亚马逊（AMZN）、微软（MSFT）、国际商业机器公司（IBM）、英特尔（INTL）、沃尔玛（WMT）以及Adobe（ADBE）。

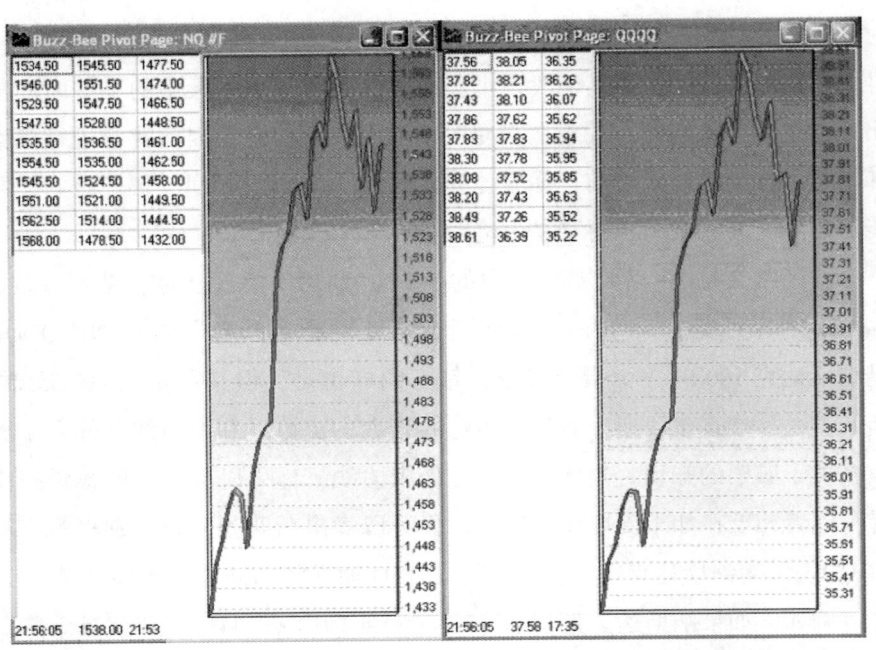

资料来源：www.dtitrader.com

图9.3　注意纳斯达克100和QQQQ的联系

通常，我只会持有大量可转换和可调整的优先股，除了纳斯达克列出的公司。我想持有一天中至少交易 400 万股份的股票，并且平均真实波动范围为 1.00 美元。这对日交易来说尤其重要，因为我需要快速进入并退出市场，我想让股票价格在合理范围内波动，以便我可以获得回报。

有时，同一只股票，我既长期投资，又进行日交易。换句话说，有些情况下，我会日交易一只股票，但我也会购买该公司的股票并长期持有。

投资股票

我会先找出 10 只绩优股，并留意这些股票的年度开盘价。我查看股票价格，并记录这些股票每周的开盘价。在价格超过年度开盘价之后我会购买该股票；在价格低于年度开盘价之后再卖出。

我研究每日和每周的图表，并找出支撑线和阻力线。在股票价格穿过这些点之前，我不会进行交易。换句话说，如果股票的交易价格高于其年度开盘价，并且我找出了下一个阻力点，那么我会等待阻力线被打破。然后，我再买入并持有该股票，直到达到下一个阻力点。这就是目标。同样，我可能卖空股票，并且我会按照同样的程序，但是我当然等待支撑线被打破，并且在卖空股票之前，该股票价格必须低于年度开盘价。一旦支撑线被打破，我会卖出股票，希望在达到下一个阻力线或者达到我的利润目标之前继续进行空头交易。

我使用主要期货指数来确定市场动向。也就是说我观察标准普尔股指期货、道琼斯指数期货和纳斯达克指数期货来确定股票价格是上升还是下降。例如，我依靠下跌的标准普尔股指期货来卖空黑莓公司股票。我以 84.00 美元的价格卖出，随后价格跌落至 63.00 美元（图 9.4）。

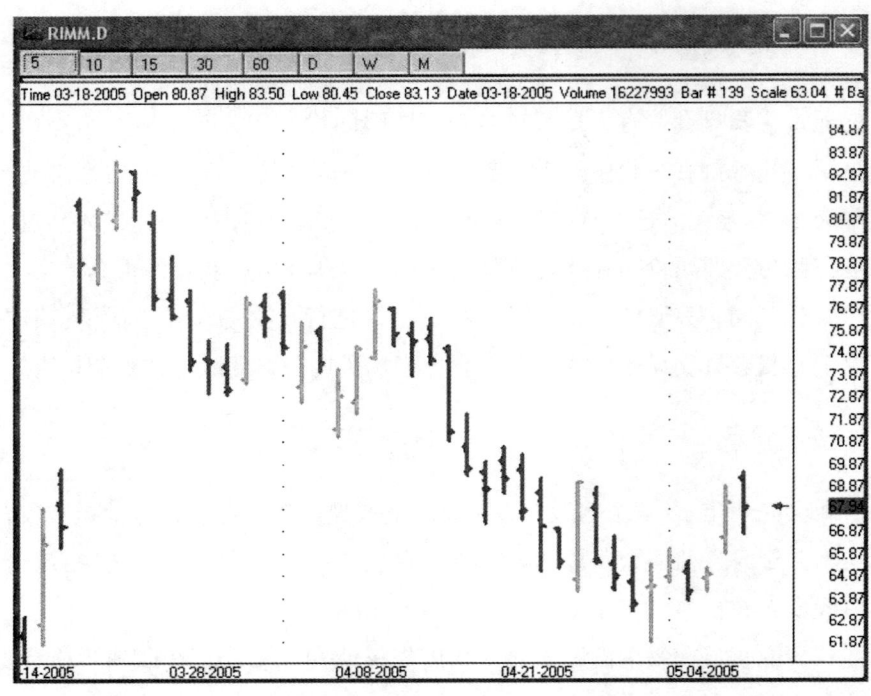

资料来源：www.dtitrader.com

图9.4 注意黑莓公司（RIMM）股票从84.00美元跌至63.00美元这一动向

超短线交易股票

正如上面所述，我找出与标准普尔500密切相关的股票，我喜欢交易这些股票。正如图9.5所示，国际商业机器公司的价格历来与标准普尔500有很高的相关性。

正如图9.5所示，国际商业机器公司可以反映出标准普尔股指期货的动向。尽管财报消息称国际商业机器公司抛售10点，交易者在交易标准普尔股指期货的同时，本可以长期卖空国际商业机器公司。卖空国际商业机器公司，一旦其打破100点，就可以盈利20点。也就是说，100只国际商业机器公司的股票做空，就可以盈利2000美元。

第 9 章 切入正题

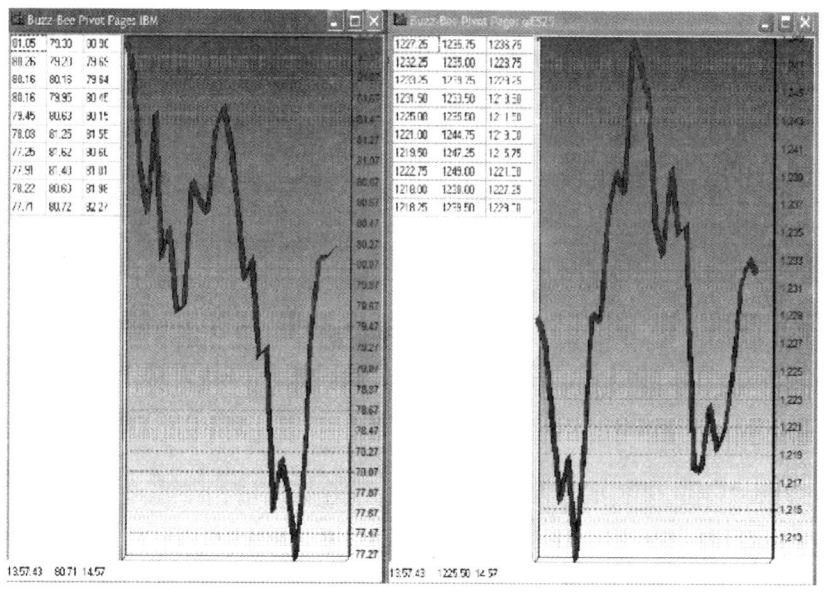

资料来源：www.dtitrader.com

图 9.5 注意国际商业机器公司的价格走势与标准普尔股指期货的相关性

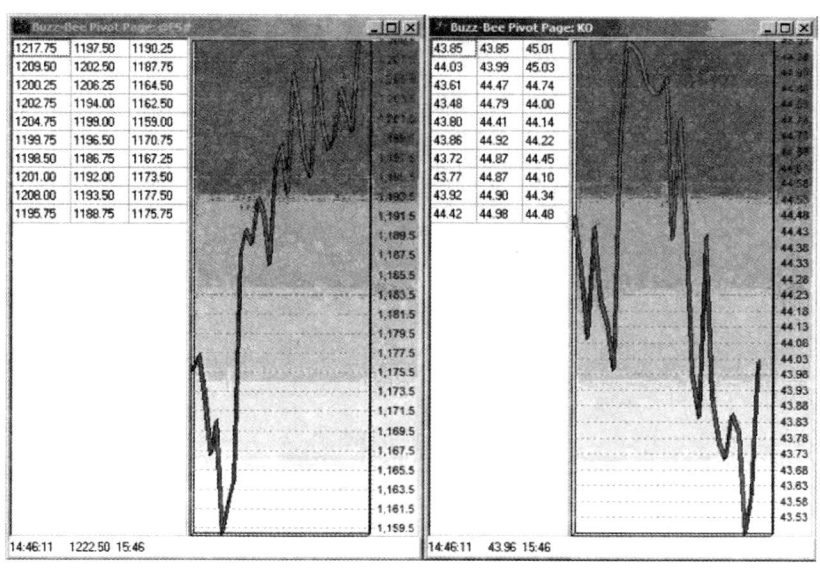

资料来源：www.dtitrader.com

图 9.6 注意可口可乐的价格动向与标准普尔股指期货的相反关系

国际商业机器公司可以反映标准普尔股指期货，而其他股票会呈现相反的变动。例如，标准普尔股指期货上升时，可口可乐公司（KO）趋向于下降，反之亦然（图9.6）。其他动向相反的股票包括安霍伊赛—布什公司（BUD）。通过观察其他股票，你可以找出其他与标准普尔500密切相关的股票——不论其动向与标准普尔股指期货的动向相同还是相反。

时间和数量

如果我正在日交易股票，我会等待一个小时再进行交易，因为这时市场会平静下来。我总是以3个的增量进行交易，就像交易期货指数一样。通常我会交易3000股。一旦我进入交易，我会退出约2/3的股票，每股利润为30或40美分。然后我将保护性止损点设在盈亏平衡的位置，或设在剩余股票最大损失为20美分的位置。然后，我观察可以交易多长时间。我要时刻了解每股的平均真实波动范围（ATR），因为股票的平均真实波动范围是今天的利润目标。

举例来说，我购买3000股易贝网股票，每股价格为37.20美元。我把2000股的最初利润目标设为30美分，因此我以37.50的价格卖掉2/3的股票，获得毛利600.00美元。然后我只剩下1000股。我将止损点移动到损失为20美分的位置。即使这些股票损失了20美分，我在该交易中仍然是盈利的。因为即使一部分股票承受了损失，但扣除成本之后，我仍然赚了约400.00美元的利润。

当然，我的目标是利用最后1000股，使其价格上升到下一个阻力线，从而获得可观的利润。如果使用经纪人，不管你交易多少股票都需要支付一笔交易费用。因此，你交易的股票越多，那么你越划算。对我来说，交易3000股是最划算的。你可以使用我的方法交易少量的股票，但你的成本会上升，因此利润会减少。

与期货指数不同，隔夜持有股票并不会产生额外的收费，有时我也会将日交易的股票拖到夜市进行交易。但是如果你卖空股票，你可以在损失利息之前，持有 3 天。同样，如果在你卖空股票时有股息，这是你必须支付的。

记住你关注利润之前要控制风险。开始交易股票时，不要进行满仓交易。换句话说，如果你想交易微软公司（MSFT）的 1000 股，因为你注意到它在一天中有很大的波动，那么你应该从交易 100 股开始，直到你完全熟悉它。这与交易标准普尔股指期货是相同的。从交易一只 E-mini 股指期货开始，慢慢增加。一旦你了解了如何交易以及其趋势，增加你的股票或开始交易大标准普尔股指期货。控制风险，然后才会获得利润。

关注新闻

公开交易的股票必须定期公布其收益和其他重要信息。你要时刻了解与所交易股票相关的新闻，不要盲目片面行事。好新闻和坏新闻对价格都会产生影响。

保护性止损点

止损点在股票交易中至关重要，如果你是空头交易，那么在交易股票时，最初的止损点位置必须高于一天中的最高点，如果是多头交易，那么必须低于最低点。在一天的交易中，止损点可以使用路线图软件或 30 分钟棒状图来跟踪。通常交易者交易股票的时间要长于期货合约。因此，通常在交易期货时，止损点的位置更靠后。关键数字也可以用来确定止损点。正如标准普尔股指期货，股票也有关键数字。通过观察股票如何交易，以及观察 30 分钟棒状图，交易者可以确定个股的支撑线和阻力线。强调一下，在交易股票前，要熟悉该股票。

交易股票检核表

1. 找出价格波动与标准普尔股指期货密切相关的股票。
2. 在年初，找出 10 只绩优股。
3. 记录这些股票的年度开盘价。

4. 找出每只股票的支撑线和阻力线。

5. 如果主要指数期货赞同你的决策,那么在价格高于年度开盘价,并且阻力线被打破后买入。

6. 如果主要指数期货赞同你的决策,那么在价格低于年度开盘价,并且支撑线被打破后卖出。

超短线交易股票检核表

1. 遵守交易股票检核表中所列的步骤。

2. 开盘一小时之后再进行交易。

3. 关注新闻,不要在新闻平息前进行交易。

4. 以 3 个增量的方法进行交易。

5. 获得 30 到 40 美分的利润后,退出大部分股票(2/3 到 3/4)。

6. 如前所述,一开始设置保护性止损点。在退出 2/3 到 3/4 的股票后,将止损点调整到盈亏平衡的位置。

交易债券期货

在年初,我会做好交易债券的准备,但是至少在 4 月之前,我不会进行债券交易,因为我至少要观察 3 个月的价格波动,然后再进入市场。我交易 30 年期的国债。我会记录年度开盘价,然后记录前 3 个月的月开盘价的平均变动值。

在我进行交易前,要具备两件事情:目前债券的价格高于或低于年开盘价,并且前 3 个月的平均变动价格与其动向一致。例如,如果债券价格高于年度开盘价,并且价格高于前 3 个月的平均变动价格,那么我会买入。如果价格低于年度开盘价,并且低于前 3 个月的平均变动值,那么我会卖出。

最初如果我是多头交易,那么我的保护性止损点就会低于年度开盘价和前 3 个月的平均变动值约 10 个最小变动价位。如果我是空头交易,我的止损点会高于年度开盘价和前 3 个月的平均变动值约 10 个最小变动价位。债券是按 32 个最小变动价位进行交易的。一旦我赚取了 5% 的利润，我会将止损点移动到盈亏平衡的位置。然后，我会设置 5% 的追踪止损。也就是说，随着市场按我预期的方向变动，我会相应地移动止损点来锁定利润。

对于本章所讨论的所有交易工具，在交易前你要研究并观察一段时间。债券是变幻莫测的。你要了解其相对于证券和主要指数的变动。理解其内在风险，不要将精力全部或大部放在利润上。管理风险才是首要的。

以上简单讲解了交易债券期货的方法。

交易债券期货检核表

1. 记录年度开盘价。
2. 计算每月开盘价的平均变动值。
3. 价格高于年度开盘价和前 3 个月的平均变动值时买入。
4. 价格低于年度开盘价和前 3 个月的平均变动值时卖出。
5. 如果进行多头交易，那么将保护性止损点设在低于年度开盘价和前 3 个月平均变动值约 10 个最小变动价位的地方。
6. 如果进行空头交易，那么将保护性止损点设在高于年度开盘价和前 3 个月平均变动值约 10 个最小变动价位的地方。
7. 一旦盈利达到 5%，那么将止损点移动到盈亏平衡的位置。
8. 随着市场的变动，将止损点保持在盈利 5% 的位置。

交易石油期权

我运用期权策略来交易原油。我关注年度开盘价，但至少在 4 月份之后交易石油。就像债券一样，我记录所有月开盘价，并获取前 3 个月的平均变动价格。我使用的标准与债券交易相同。如果价格高于年度开盘价和前 3 个月平均变动价格，那么我会买入。相反则卖出。如果市场不断上升，我不会买入看涨期权；我会卖出看跌期权。同样，如果市场正在下跌，那么我会卖出看涨期权；我不会买入看跌期权。

我的唯一目标是通过溢价来赚钱。如果在截止日期前没有达到期权的行使价格，那么溢价就相当于我要存入银行的利润。因此，我会在截止日之后45到60天内交易期权。

我正在交易裸期权（Naked options），这包含着巨大的风险。当然，风险就是达到行使价格，然后我必须以行使价格来交易标的证券。因此，我认为期权为未到行使价格且相差5.00美元左右时最合适。例如，如果现在行使价格为53.00美元，我将以48.00美元的价格卖出看跌期权，并且以58.00美元的价格卖出看涨期权。

我不会一直交易石油期权。我会等待最佳市场条件。显然，2004年和2005年，石油价格上升提供了这样的机会。

记住交易裸期权是非常有风险的，在你具备丰富的经验、理解市场并且有充足的冒险资金前，我不建议你交易裸期权。

交易石油期权检核表

1. 记录年度开盘价。

2. 记录月开盘价，并计算出平均变动价格。

3. 如果价格高于年度开盘价和前3个月的平均变动价格，那么卖出看跌期权。

4. 如果价格低于年度开盘价和前3个月的平均变动价格，那么卖出看涨期权。

5. 在截止日期后45到60天内卖出期权。

交易黄金期货

我喜欢交易黄金，并且大部分时间里我都在交易黄金。我不喜欢空头交易黄金，但并不是说条件允许的情况下我也不会进行空头交易。但是，通常情况下，我在黄金市场中是一个买方，而不是卖方。比起其他商品，我持有黄金的时间更长。也就是说，我会持有黄金两周到 6 个月不等的时间。

就像交易的其他东西一样，我也会记录年度开盘价。接下来，我记录每月的开盘价，并创建 65 天的平均变动价格图表。我的策略非常简单。如果黄金价格高于年度开盘价和 65 天平均变动价格，那么我会买入。如果黄金价格低于年度开盘价和 65 天平均变动价格，那么我会卖出。卖出并不是我喜欢做的事情，但我会跟随市场趋势并关注数字。

一旦我进入市场，我会在低于最后 3 个月的开盘价均价的地方设置保护性止损点。我的盈利目标是每张合约 10.00 美元到 15.00 美元。一旦实现这个利润目标，我会出手一定的股票来弥补剩余股票的潜在损失，或者出手全部的股票。

我根据多个指标来交易黄金。首先，我会观察美元指数。黄金和美元之间是逆相关。同样，我也会关注债券。我发现黄金和债券也是逆相关。

交易黄金期货的检核表

1. 记录年度开盘价。
2. 创建 65 天平均变动价格。
3. 每张合约的利润为 10.00 美元到 15.00 美元之间。
4. 记录每月的开盘价。
5. 在低于前 3 个月开盘价均价的地方设置保护性止损点。
6. 一旦达到利润目标，出手所有股票或出手一部分股票并将止损点调整到盈亏平衡的地方，然后持有剩余股票进行交易。

回顾

我认为自己是交易指数期货的行家，所以我也使用其方法来交易其他工具。我认为可以将标准普尔股指期货作为有效指标来交易其他一系列证券。多年来，我使用标准普尔的相关知识来帮助我交易股票、互助基金、债券和其他工具。当交易股票时，我会选择与标准普尔波动密切相关的股票。我交易的一些股票与标准普尔的动向相同，而另一些与标准普尔的动向相反。通过读取标准普尔，我更加了解市场，并且更会交易股票。我使用双重策略来交易股票，既进行长期投资，也进行短期日交易。

对于互助基金，我会进行多样化投资，既交易广泛基础基金，也交易指数基金。我在每年年初时选择基金来交易。然后，将账户余额分配到 8 种绩优基金上。每个季度，我重新审视我选择的基金，并关闭绩差基金，然后将资产分配到更好的绩优基金上。最后，到年末，我只剩下几只基金，但它们是最强的绩优基金。

到年末，我将股票作价。第二年再次选出 10 只绩优基金，除去前两个，然后再一次开始这一过程。

我交易债券期货，但我不会在 4 月之前进行交易。原因是我根据年度开盘价和前 3 个月的平均变动价格来做出交易决定。如果价格高于年度开盘价和该平均变动价格，那么我会买入。如果价格低于这两个标准，我会卖出。当然我使用保护性止损点，并且在进入市场前，我会设置盈利目标。

我也交易商品期货。我喜欢的两个商品是石油和黄金。我使用期权策略来交易石油。就像债券期货的交易方法，交易石油时，我也使用年度开盘价和前 3 个月的平均变动价格来确定入市点。当我卖出的期权到期，但它们仍然是虚值期权时，我会获得溢价，这便是该策略的目标。因此，我只在截止日 46 到 60 天内交易期权。在牛市债券市场中，我卖出看跌期权。如果市场是熊市，我卖出看涨期权。我的目标是获得卖出期权获得溢价。我卖出裸期权，这是非常有风险的。确保在交易前，你要彻底了解所有的风险。

我用略微不同的方法来交易黄金。我会交易黄金期货。如果市场允许，我会选择长线。但是，如果数字显示需要卖空市场，那么我会照做。同样，我从年度开盘价开始，并且记录之后 65 天的开盘价，然后得出平均变动价格。然后，当黄金价格高于年度开盘价和 65 天平均变动价格时，我会买入；如果其价格低于这两个标准，那么我会卖出。

记住多学习你所交易的市场。要时刻使用止损点，并确定利润目标。同样，先考虑风险，然后再考虑利润。时刻尊重风险，你才可以成为成功的交易者。

经 验 总 结

☆标准普尔股指期货非常重要，可以用来帮助你交易其他证券。

☆股票、债券和商品的年度开盘价很重要。记录这些价格，在这一年中要时刻使用这些价格。

☆不断监测你的互助基金组合，每个季度末调整所持有的基金。

☆在交易黄金期货时，使用65天平均变动价格。

☆在交易前了解所交易的市场。了解它如何变动，找出它的关键数字及支撑线和阻力线。

第10章 做好准备，才会获得成功

童子军中有一个座右铭："做好准备。"我没有为1987年10月19日发生的事情做好准备。我没有注意到所有的预警信号：股票市场估价过高、过高但仍在迅速增加的国家债务以及格林斯潘不断提高的利率。我本应该注意到这些和其他的预警信号，但我没有。我根本没有看到地平线上飘扬的巨大警示旗帜。当市场崩盘时，我脆弱得就像圣母峰登山者面临暴风雪却没有外套一样。事实上，我连个衬衫都没有。

毫无准备让我付出了沉重的代价。我用了数年的时间才稳定经济状况，并重新建立了自信心。事实上，我不得不重新建立对体制的自信心。这是一条充满坎坷的道路。

自从经济崩盘之后，我不断地反省和分析。今天，在进入市场前，我会做好准备——甚至是最坏的准备。任何事物都不能代替准备。大部分时间里，并不是智商高的人赢得交易游戏，而是那些精确分析市场并做好相应准备的人赢得了游戏。

凡事预则立，不预则废

几年前，我在莫比尔遇到了一名律师，名叫约翰（John）。他是一个伟大的家伙，尽管他的智力并没有高于普通人，但他打赢官司的记录非常高，甚至与最大的也最负盛名的公司打官司都获胜了。我很想知道他是如何做到的。一天我和另一名律师谈论约翰："他是如何在法庭上做得这么好的呢？他与那些更聪明、财源更广的律师对抗，但几乎每次都是他获胜。你怎么看呢？我不明白。"

"约翰是一个好胜者。他付出了别人两倍的努力来弥补智力的不足。他会努力研究其对手。"这就是答案。约翰能够成功是因为他付出了相应的努力。

我们都见过约翰这样的人。他们全身心地投入到手头工作中。如果你想成为成功的交易者，你也应该这样做。你必须全身心地投入，并做好获胜的准备。这需要大量的工作。

许多人认为交易是非常简单的。他们盲目地购买所谓的魔法盒。他们不理解市场的复杂性，以及成功交易所具备的技能。他们在账户中放入几千美元，就认为几个月内，他们就会变得富有。悲哀的是，事情并不会如他们所愿。市场会将他们撕碎的，因为想要获得成功，你必须充分了解市场，从全球的角度来审查交易。

事实上，大部分新手日交易者在几个月内就会破产，然后被迫退出游戏。因为他们在进入市场前，没有做好准备。这就是为什么你必须对游戏了如指掌。只有通过准备和努力工作，你才能克服交易中的困难。

当你点击鼠标，并交易期货合约、股票、商品或其他一些资产时，你已经进入了一个高度竞争的游戏，这个游戏中一些交易者是非常富有并训练有素的。他们可以自由处置数百万美元，并且他们使用最新的技术工具。因此他们成功概率较大。相反，你可能只有几千美元，可能坐在餐桌旁，用着过时的笔记本电脑。但那并不意味着你不会成功。相反，这意味着你需要付出更多的努力，尽你所能学习一切并且做好准备。你就是面对着歌利亚的大卫（形容以弱胜强），必须拥有强大的同盟。你的同盟就是认真的准备、精确的分析、有技巧的执行以及上述所说的资金管理。每天开始交易游戏时，确保你在心理上和情绪上做好了获胜的准备。

我承认有时我对一些学生很生气，因为他们毫无准备地来到课堂中。我记得有一天早上，我们在早晨5点开始上课。但我们早早到达，准备学习一种交易，我称之为早起的鸟儿的交易方法。学生们为交易做了充分的准备，包括了解一些外国市场。我们使用这一信息来交易标准普尔股指期货。正如我所说，我们在早晨5点开始上课，至少我们大部分人在早晨5点开始上课了。只有一个学生未到，她就是格洛丽亚（Gloria）。我们这些早起的鸟儿都赚了些许钱。随后我们将注意力转移到德国法兰克福指数。我喜欢交易法兰克福指数期货，并且在早晨6点似乎出现了一个交易机会。我们讨论着该期货，并进行深层次分析。我们都坐在电脑前，准备点击鼠标买入。这时格洛丽亚走进了房间。她错过了所有关于这次交易的准备和教育信息。她没有进行任何分析，并且她的设备都没有准备好，但是她仍然快速打开笔记本电脑。当我们买入股票时，她甚至都没有准备好。她花费了一两分钟准备所有事情，然后她点击鼠标进行交易，可以说她还是迟到了。

我们的交易都很成功，除了格洛丽亚。她没有及时下单，因此延误了时机。更糟糕的是，我们的订单在市场中已经盈利了，但她才刚刚准备好。但很快市场反转下跌，她甚至没有赚到一分钱。由于她没有做好准备，她成了失败者，而我们都获得了成功。在交易机会出现时做好准备，这样才能获得收益。

从格洛丽亚的懒惰中我们得到了两个教训：首先，做好准备。但还有另一个需要注意的教训。如果你因为某些原因而交易延误，那么就让这次交易机会过去吧。你无法赶上市场的节奏。当你错过一次绝好的交易机会时，这确实非常恼人，但仍然进入市场绝不是一个好方法。就让这次交易机会过去吧，为下一次机会做好准备。此时将你的手从鼠标上拿开，做一个观察者吧。

不要自满，时刻学习

每个行业都需要不断提高技能，并时刻站在研究和发展的前沿。在亚拉巴马州，甚至可能在美国的每个州，律师都需要不断学习法律课程，否则他们会失去法律实践执照。医生不得不了解新技术、药品、程序，甚至新的疾病或者新确定的某些事物。我当然不希望没有掌握医疗行业最新重大进展的医生来为我诊断治疗重大疾病。如果工程师想在竞争中占据优势，那么他们也不得不进行研究和学习。技术日新月异，他们不能只依靠过去的方法和知识。

交易与其他行业一样。你需要阅读金融出版物，比如说《巴伦周刊》《华尔街日报》或者其他你喜欢的读物，了解发生了什么以及何时发生的。时刻了解国家和世界经济趋势。了解专业分析家对市场是怎样分析的。你可能不同意他们的观点，但要了解他们的视角，从而扩大你的视角。

许多书对你是非常有用的。阅读一些书。不一定你所读的一切都有用，但其中一些必然是有用的。如果你从书中获得了一个或两个有用的观点，那么这本书就值得一读。那些观点可能会为你提供所需要的帮助。

网络对交易者来说是另一个重要信息来源。有许多有用的网站。你可以访问芝加哥贸易委员会（CBOT）的网站 www.cbot.com。那里有很多有用的信息和资源。同样，你可以登录芝加哥商品交易所（CME）或纽约证券交易所（NYSE）的网站。查看股票报告或访问美联储网站并了解最新的报告和信息。了解了今天可用的数据和资源，你绝对会成为一个明智且知识渊博的交易者。

不要只是读书，还要读懂市场

记住在充分了解市场之前，不要盲目进行交易。没有充分了解市场，你可能会陷入麻烦中。整体市场是看涨行情还是看跌行情呢？你必须了解这一点。正如我在前面所解释的，我认为了解这一点的最好方式是画趋势线，正如第 2 章所说。你要了解股票、债券、交易所、商品或其他所交易工具的年度开盘价。不断记录每个月的开盘价和每周的开盘价。然后通过这些数字来查看日交易价格。宏观市场是上升还是下跌呢？目前市场的交易价格高于或低于年度开盘价多少呢？让数字来告诉你市场状况。

在充分了解市场动向之后，你要考虑客观因素。有什么重大经济新闻

第10章 做好准备，才会获得成功

吗？这些新闻是正面的还是负面的呢？他们会怎样影响华尔街呢？当前市场会不会针对宏观经济形势做出反应呢？2004年和2005年初，最大的事件是伊拉克战争和由此导致的油价上升。高油价使许多行业的预算紧张，并且使全美国经济形势阴云密布。很显然，燃料价格居高不下与市场无法回升（像2004年底一样）有直接联系。

因此，准备入市的第一步是将宏观市场概念化。很显然，如果你正持有股票，不论多久，你都想确保你紧随市场趋势。那并不是说与市场趋势相反就没有赚钱的机会。市场不会直线上升或下降。市场几乎每天都会波动；如果你是一个熟练的短期交易者，那么你可以利用这些机会。我一直是这样做的，只要确保你考虑到市场这个宏观环境。另外，你可能会经不住诱惑，从而持有股票的时间过长，并高估自己的能力。市场会突然出现反转，然后你辛苦赚得的利润会在一瞬间消失，你甚至都没有来得及将其存入银行中。没有了解宏观市场，你对市场的错误动向会毫无免疫力，这样便会导致失败。

只关注当前交易

你了解了宏观市场后，你便可以采取下一步行动了，那便是关注当前的交易。今天市场行情如何？开盘价为多少？今天是牛市还是熊市？随着市场交易的进行，你要注意关键数字，及其影响力。牛市能否打破阻力线？熊市能否打破支撑线？我使用非常简单的30分钟图表来提前预测。这些简单的可读图表帮助我回答这些问题。了解了当前市场后，我会决定进行做多、做空或退出市场。然后根据分析做出相应的行为。

选择退出市场是不容易的。由于某些原因，我们总觉得应该进行交易。我们感觉如果只是坐在一旁观看就会失败或错过机会。但是，这是不正确的。有时交易者能做的最明智的事情便是袖手旁观和远离市场。如果你不打算在交易中赚钱，那么你绝不要进行没必要的风险投资。

过去我总是过度交易。我最大的缺点之一就是喜欢交易，就像喜欢玩游戏一样。我喜欢市场中的兴奋和愉悦。交易是很有乐趣的。这是我玩过的最好玩的游戏。因此，我不断地点击鼠标。

为了获得成功，我不得不努力奋斗。在早期的几年中，我10%的时间花在思考上，而90%的时间花在交易上。后来我逐渐变得明智了，我将这一比例换过来。只关注当前交易，但是只在成功概率较大时进行交易。我谨慎地选择入市点，因为我不仅仅想进行交易，更想在交易中获胜。

　　许多交易者无法只关注目前交易，因为他们深陷过去的交易中；他们在今天的市场中进行昨天或上周的交易。昨天他们快速出手股票，并赚取了许多利润。那么今天，即使市场动向与昨天很不相同，这些交易者仍然努力在今天较低迷的市场中长时间持有股票，希望获得昨天的利润。毫无疑问，这是不会成功的。或者上一周进入市场后，他们以某个价格卖空市场，但之后价格回升。他们遭受了巨大损失。带着这种偏见，他们只关注过去的市场。今天的市场可能比上周更加低迷，而过去失败的交易在今天可能是最好的交易。但是停留在过去的交易者没有适应当前状况，他们的时间是混乱的。他们只记得昨天的交易，尽管指标、关键数字以及市场动向显示这是盈利的好机会。成功的交易者需要了解市场的动向，但如果你想要成功，那么你必须只关注当前交易。

　　如果通过分析我知道高于或低于某个关键数字是很好的入市点，那么我会在此点进入市场。但有时会延迟，或者我的止损点太严厉并且交易没有盈利，此时我会尽力降低损失，并寻找下一个机会。我会重新审视前面所关注的指标和因素。如果我仍然相信我的分析是正确的，只是入市时间有点晚了，我会在下一次机会出现时重新进入市场。第二次时间可能比较有利，我获得的回报较多。也许这两次机会只是间隔几分钟、几小时或几天，这没什么关系。重要的是如果市场出现了机会，我能抓住这次机会。

　　多年来我观察了许多学生的交易。他们很难只关注当前交易。经历失败后，大部分学生都很难再次点击鼠标。他们会犹豫不决，而犹豫不决会让他们错过最好的入市点，并错过一些利润。或者他们只是坐在那里，看着市场提供的机会与其擦肩而过。你要研究过去的交易，从而获取相关经验，但你只需关注当前交易。

第10章 做好准备，才会获得成功

制订计划，并按计划行事

清晰地了解宏观市场，并对当前市场有了可行的观点之后，那么你为制订计划并实施计划做好了准备。如果进行交易，确保你设定了正确的利润目标以及合适的保护性止损点。然后，如果数字告诉你要买入或卖出，那么你就勇敢地去做吧。点击鼠标，并进入游戏。有时这需要很大的勇气，我们都害怕损失和失败，但如果你仔细分析了状况，并了解了风险程度，那么恐惧就会降到最低。

一旦交易结束，不管是赢还是输，你只需关注下一个交易机会。市场总会提供给你另一个机会的。如果你遭受损失，不要沉浸在忧虑中浪费时间，从失败中汲取经验教训，用他们来提高交易水平。

我的一个学生具备成功的所有工具和技能。她很聪明，理解市场是如何运行的。但她没有赚钱，她不断地遭受损失，除非她学会如何平复情绪，否则她不会取得成功。

交易日记

尽管你不希望留在过去的阴影中或者让过去的事件影响你的分析和判断，但你希望使用以前的交易经验来提高交易技能。"如果能够重新来过，我不会改变任何事情。"我曾经听许多人说过这样的话。我无法理解这种想法。如果我能重新活54年，我会改变一些事情。每天都会越来越好。我向你保证，如果再来一次我会改进很多。不幸的是，我们没有第二次机会，但如果我们可以积极地利用过去的经验，并利用我们学到的知识、观点和教训，那么我们可以创造更美好的未来。

在过去的几年中，我掌握了很多交易技巧，也了解了很多出色的交易者。华尔街的主要因素是人。每个人都有独特的方式和有条不紊的方法。有些是长期交易者，有些是短期交易者。一些人注意股票，而有些人关注货币、期权、证券或其他交易工具。某个交易者可能依靠技术分析获得成功，而其他交易者可能会依赖基本面获得成功。但是不管他们使用何种方法，他们都会做一件事，并且会做好这件事：不断地评价交易和市场。这样他们可以不断适应变化的条件，并且不断提高自己。市场是动态的，你必须也是动态的。

记录你所进行的每一笔交易，以及该交易的重要信息。你会在何时入市呢？交易是否有利于你？你的盈利目标是什么以及如何确立盈利目标？你持有多少股票？你如何进行交易？有没有技术上或其他的问题？市场因素让你进入市场还是退出市场呢？

如果交易是成功的，那么你能将利润最大化吗？或者改变一些技巧后你可以赚更多钱吗？如果交易是失败的，那么考虑一下原因：你的分析正确还是分析出现了错误？是什么逻辑或策略让你做出此交易？你的执行情况如何？你是在合适的时间进行交易的吗？或者你进入市场的时间有没有过早或过迟？止损点设置的位置正确吗？你的利润目标呢，是否太高还是太低？你是否快速退出失败的交易，或者让成功的交易继续进行呢？你是否误读了指标？你使用了正确的订单类型吗？在高度波动的市场中，止损单可以导致过度下滑。有时限价停损单可以制造交易或破坏交易。你是分心或缺乏注意力吗？是否有外部事件阻碍了你的计划，比如说新闻？如果是，你是否本应该知道这个新闻，并在该新闻公布之前退出市场呢？

记录市场的状况，以及你采取的相应行动。然后彻底分析一下。如果你可以重新来过，你会做出什么不同的反应？你会做出什么改变，以及你会做出什么相同的行为。如果你不知道过去做了什么，那么你就无法改正自己，并汲取相应的经验。因此，如果你不能发现自己的错误，那么你很可能在以后重复这种错误。

成功的交易者不喜欢平庸。他们努力找到交易成功的原因，因为他们想重复这样的经验。同样，他们会找到交易失败的原因，以便日后避免这些错误。很明显，如果我们都减少错误，并重复成功的经验，那么我们的交易水平就会提高，我们的银行账户也会增长。就像华尔街的伟人一样，你也必须学习、评价并提高。如果你做不到,那么你无法适应这个圈子。

不要只是记录交易,要利用过去的经验来提高自己

我的交易英雄杰西·利弗莫尔经常研究并评估其交易。在其早期交易时,他不断记日记,并记录他认为正确的信息。然后在晚上和远离血汗工厂和交易办公室的时间,他会研究这些信息。他使用这些信息来找出模式和趋势,并且评价其交易表现。

根据理查德·史密登所说,利弗莫尔有其不同寻常的年度分析方法。年底时,他打包一些生活必需品去银行。他在周五下午营业结束时进入银行,迅速走进金库,这里堆放着其一年的现金收入。进入之后,金库被锁上,然后利弗莫尔独自与其金钱和笔记度过周末。他独自待在那里几天,来翻看笔记并思考其交易。他想从其过去的交易中汲取经验,提高交易能力,为下一年的交易做好准备。

利弗莫尔也喜欢看着他赚到的钱,感觉与其密切相连。他想提醒自己,钱才是真实的。有时作为交易者,我们根据数字交易,但忘记了我们是用钱来进行交易的。一旦这样,我们就会冒没必要的风险,或者用我们宝贵的商业资金来做愚蠢的行为。为了能够密切接触这些钱,利弗莫尔认为应该提取、花费并享受他从华尔街所赚的钱。

在银行金库完成年度分析之后,他提取一部分现金,塞进其口袋和手提箱中。

星期一早上,金库开门了,然后他做好了面对下一年的准备。他用所提取的利润开始疯狂购物。他以真实且快乐的方式来享受其利润。

你没必要将自己锁在银行金库中进行分析。但是,你必须在某个地方完成此分析。你需要不断地评价并提高自己的技能。

就像利弗莫尔一样,我也保持写交易日记的习惯。多年来我都这样做。晚上坐下来记录我一天的交易,我会找出优势和弱势。然后我会努力扩大优势,避免错误。

设立现实的目标

不要忘记交易是一种业务。就像其他业务一样,你必须设立现实的目标。对你来说怎样定义交易成功呢?在日记中写下你的目标。每天你会怎样实现你的目标呢?每天都要按计划来行事。在日交易中你是一步步朝目标接近还是越来越偏离目标呢?

记录你每日的盈亏总计。时刻提醒自己这些数字是真实的,账户中的钱是很难赚的。不要将自己与账户中的钱分离。一旦分离了,你无法敏锐地感受到损失,从而导致损失不断增加。

当你记录每日盈亏总计时,将其与你的盈利目标对比,这可能具有启发性。例如,相对来说你是一个新手交易者,并且你每日的平均盈利目标是50.00美元。如果你在星期一损失了50.00美元,那么你必须在星期二赚100.00美元,从而重新回到目标。如果星期一你损失了500.00美元,那么你必须连续10天盈利才能重新回到目标。这就是你必须降低损失的原因。连续的大笔损失会摧毁你的账户,导致你的交易业务破产。

新手交易者总是会损失严重,却盈利甚微。你需要意识到这一事实,并且努力进行资金管理。通过在日记中记录你每日的盈亏总计,并且坚持按计划行事,那么你会更好地保护资金。

利用日记来自律

在日记中记录你的行为,这样你也知道自己是否遵守了交易规则。例如,如果你决定在新闻发布期间不进行交易,但是由于你违反了规则,所以遭受了巨大损失,那么你不得不自己面对。你必须在日记中清楚地写下详情和证据。你交易失败是因为你缺乏自律意识。下一次,你会记住这次经验,从而在新闻发布期间不会进行交易。

或者也许你告诫自己在能够连续盈利之前,交易量不能超过3张合约。但你看到一个貌似绝好的机会,所有指标并不支持买入,但你沉醉于购买10张合约并获得4点利润的幻想中。贪婪引诱你进入市场,然后你遭受重创。

在日记中记录所有不好的事情，并时刻保持危险意识。为什么今天你没有达到目标？由于没有遵守自己的规则你损失了很多钱。写下来并承认你的错误，然后自我剖析如何在明天提高。答案很明显，增强自律意识，并饯行你的规则。

在日记中，你是自己行为的法官和陪审团。好吧，我猜那并不是完全正确的。市场已经做出了判决，你要入狱接受处罚。

我的一个朋友，也是我以前的学生，名叫罗恩（Ron），他有两个日记，一个是情绪日记，另一个是关键数字日记。这样，他能够记录所有的交易信息，并不断提高自己。

经常重温日记

不要只记日记，而是要使用日记。经常重温，并提醒自己曾经成功和失败的交易经历。特别是当你交易关闭后，拿出日记重温一下。在日记中，你可能会发现如何止损以及将损失变为成功的秘诀。

不要只是停留在失败的日子和交易中，也要研究成功的交易。看看你做得好的，并且自我陶醉一会。如果你在合适的点赚取了利润，或者选择了合适的入市线，那么祝贺你，以后要不断利用这次经历。

在你的交易生涯中，要不断学习并提高，从而达到你的利润目标，充实你的银行账户。

找一个贸易伙伴

交易是一个孤独的路程。在你的朋友和家人中，你可能是唯一的交易者。努力寻找明白你所做的一切以及你的经历的人。我有许多交易者朋友，我喜欢和他们交谈。作为交易者，当我们遇到困难时，我们需要可以交谈、能够帮助我们的交易者。

几年前，我遇到一个非常优秀的交易者，名叫琳达·布拉德福德·瑞士科（Linda Bradford Raschke）。多年来，每当我遇到麻烦时，我就会和琳达说，她会认真倾听，并理解我的困难。通常她会给我一些建议，即使她没有给我建议，但仅仅和她聊一会就可以让我思路清晰，并提高交易水平。我也希望可以帮助到她。

我的观点是通过和其他交易者沟通交流，我们从中受益。我们可以互相帮助，并且希望通过我们的关系提高交易水平。

你是否记得电影《太空英雄》里的话："你见过的最好的飞行员是谁？"我也经常问自己这个问题："你见过的最好的交易者是谁？"通常我会傲慢地认为是我自己。但是在学校里，我见过很多有趣的人，他们和我分享交易经验，其中3个是维吉尔（Virgil）、彼得（Peter）和黛比（Debbie）。黛比帮助我制定交易策略。她通常能注意到我忽视的东西。今天，当我问自己："我见过的最好的交易者是谁？"我的答案就是黛比。

维吉尔帮助我想出交易理念，并且给我有创造力的建议。彼得用他的毅力和决心不断鼓励我。我们都经历过交易失败的日子，但我们必须保持洞察力，并不断前进。能够分享经验的朋友是无价之宝。

回顾

交易是一种职业，就像其他职业一样，你需要做好相应的准备，并接受相应的教育。了解所有你可以了解的市场和金融领域。另外，时刻准备好进行交易。在对今天的市场做出相应的研究并了解关键数字之前，不要进行交易。找出支撑线和阻力线。当时间合适时，充分利用你所学的知识。同时确保了解定期经济报告公布的时间，以便做好相应的准备。

时刻了解宏观市场，并在此基础上看待目前的市场状况。没有了解宏观市场，你不会成为成功的交易者。

制订相应计划，并按计划行事。当你点击鼠标时，你要明白何时进入市场，何时获得利润，以及市场反转后何时退出市场。时刻关注每一笔交易的风险。

记录所有交易。保持详细的交易日记并研究该日记。利用过去的错误和成功来提高你的交易水平。从过去中总结经验，但切记只关注当前交易。你不能改变昨天的交易，但你可以从中汲取经验教训，从而获得更大的利润。

 经 验 总 结

☆为交易做好准备，并抓住机遇。

☆研究过去的交易经验，但时刻关注当前的交易。

☆每天保持详细的交易日记。

☆切勿违反你的规则或者纪律。同样，如果遵守了这些规则，那么鼓励自己。

☆经常查看日记，提醒自己你的优势，并限制你的劣势。

第 11 章　对比研究

1986 年 6 月，俄克拉荷马市。今天星期一，我早早地来到办公室审查账户，并为交易做好准备。我要在市场开盘时准备就绪，没必要浪费时间。我喜欢在开盘后立即进行第一笔交易，然后在周五市场收盘前的几分钟，甚至几秒钟进行本周的最后一笔交易。

我的助理劳拉（Laura）会紧随我。她是一个非常尽心的员工，她总是帮助我完成任务。她检查交易设备，以确保其可以进行交易。我们的设备包括数据馈源、连接到交易层的专用电话以及一叠订单票据。我们时刻关注钟表，以便在本周第一次交易进行时我们已经坐下来，并做好相应准备。

我坐在桌子边上，劳拉坐在我对面。我们都在观察市场数字，并且她正在专心倾听交易动向。上午 8:30（美国中部标准时间），铃声响起，然后游戏开始了。

市场立即下跌，这像一次抛售。我做出相应的反应："在市场中售出 15 张标准普尔股指期货合约。"

劳拉抓起电话，通知交易所的经纪人执行该订单，同时她迅速在票据上记录该订单。

10 分钟之后，市场出现反转。我最初的 15 张合约并没有盈利。市场价格正在上升。现在价格超过了其开盘价，看起来似乎将会达到更高的价格。

"售出另外 15 张标准普尔股指期货合约，降低平均数，市场将会下跌，我感觉得到。"我说道。

同样，劳拉很快按照我的命令执行了订单。

现在是上午 8:50。市场开盘已经 20 分钟了，但是我决定再售出 15 张合约。我必须不断降低平均数，因为市场即将下跌。如果我不断售出，当市场反转时，我可以利用 30 张合约把钱赚回来。

"售出 15 张标准普尔股指期货合约。"

我看到她拿起电话，打到交易层。

票据开始增加，现在是上午 9:00。

上午 9:15，我已经损失了几千美元，然后我觉得应买入。我的套汇系统包括购买标准普尔 100。这些是在 OEX 交易所进行交易指数期权。我补仓了 45 张标准普尔 500 合约，并持有这些合约。

上午 10:00，我仍然没有赚钱。我降低了损失，但我决定加快交易速度。我对标准普尔 500 进行空头交易，然后转为多头交易。市场每次波动，我都会买入或售出。我不仅交易标准普尔 500 指数期货，也交易标准普尔 100 指数期权。

我没有时间停下来思考，也没有时间进行分析，因为这会降低我们的速度。只需要观察市场的波动，然后做出相应的反应。

午饭时间都过去了，我和劳拉只是在办公室里随便吃了点零食来充饥。我们没时间吃饭，也没时间喝咖啡。我们不能错过任何交易机会。哪怕是上厕所，我们都会冲进去，但是我们仍然尽量减少上厕所的次数。因为我们需要时刻关注市场。

那一整天，我们的电话一直占用着，我们也一直忙着记录订单。我们进行了数千个交易。这一分钟价格是上升的，下一分钟价格会下降。我的心脏在怦怦直跳，汗水顺着脸颊留下来。劳拉吃了阿司匹林，因为她的头很疼。同时我也拿着一瓶药，因为我的胃很难受。我需要止痛，因为我们还要经历数个小时的战争。

市场收盘时，订单终于停止了，我们也都筋疲力尽了。我觉得我是赚钱的，但我不确定。早上我将会拿到确认票和最终账簿。

我的交易风格就像古老西方的大侠，以最快的速度给枪装上弹药进行射击，然后再次填弹药射击。不断重复这一过程。希望子弹可以打中目标，其中一些会打中靶心。

我和劳拉完成任务后深吸一口气，然后拖着疲惫的身体走出办公室回到家中。明天我们再一次开始。我们努力工作着，我们认为自己是优秀的交易者，因为我们关注市场，并且认真对待交易。

2005年6月，亚拉巴马州墨比尔市。星期六上午9:00。我泡好一杯咖啡，舒服地坐在安乐椅上。我的交易周即将开始，或者说至少我已经准备好开始交易周了。我总是在星期六查看商业新闻。我需要了解能够影响金融市场的主要国内和国际事件。我最喜欢收看福克斯有线电视网（FOX）播出的节目。这些节目概括了前一周的商业发展，并且预测下一周将要发生的重要事件。我喜欢收听商业信息板块，因为我对这些信息有特殊的兴趣。我不会了解得非常详细，但我会了解大概情况。我收听的这个节目从上午9:00开始，到晚上11:00结束。

观看足够的媒体评论——两个小时的电视并查看相关经济情况后，我会享受剩下的周末时光。玩一会高尔夫，并看会儿电影。在星期天之前不做其他事情。

星期天，我喜欢读《巴伦周刊》。我有选择地读一些文章，并找到事物的总基调。你可以读取一些复印件或者在线订阅，或者你可以选择另一个出版物。多年来，我发现《巴伦周刊》非常有用。一些专栏对我来说非常重要，例如经济日记。这是非常有用的，因为这反映了前一周的主要报告，也可以预览下一周的定期新闻事件。我也喜欢读交易者专栏。我觉着这一板块非常有趣，并且在一定程度上非常有用。之后，我会读报纸的标题。如果某一篇文章特别吸引我，我会读一下这篇文章。但是，我不会逐字阅读。就像电视新闻一样，我不会过度关注细节，我只是关注宏观情况，从而可以充分了解相关状况并为星期一做好准备。

最后，我收集市场数字。我查看年度开盘价，我查看所有主要期货指数和其他准备交易的工具的月开盘价和周开盘价。我研究上周的图表，并关注在某个价格水平，市场和指数如何波动。我查看并预测接下来要发生什么。最后，我会查看最新的日开盘价。根据市场以往的交易状况来确定市场会在何处进行交易。我会清晰地了解交易状况。这样，当我看到某个价格和状况时，我会做出相应的反应。我完成了分析后，并不会坐以待毙。我知道不论上一周发生了什么，都已经过去了。我做好心理准备，迎接下一周的到来。

星期天下午，我会查看实时市场数字。标准普尔股指期货在下午5:00开盘。我通常会关注开盘价，并注意记录下来，但我不会进行交易。但是，如果我决定进行交易，我不需要助理，我只需要使用办公室中的笔记本电脑点击鼠标。我的笔记本电脑中有数据馈源，以及制图程序和交易平台。

在获得所需要的信息之后，我会离开。因为此时没必要再进行交易了。这一周刚刚开始，当我更清楚地了解市场动向后，我会有很多机会来进行交易。现在可以享受晚饭或者看一下电影目录。

下午7:00我再次回到电脑前。我想知道市场相较于其开盘价会向何处变动。如果市场的价格与其开盘价有重要偏差，那么我可以进行交易了。如果市场非常平静，并没有出现可识别的动向，我会离开电脑享受该夜晚。我会好好休息，为接下来的交易周做好准备。

交易周开始

早晨5:00，我起床来到办公室大厅。我感觉昏昏沉沉的，但观察市场的想法一直激励着我。就像一句老话所说，我相信早起的鸟儿有虫吃。事实上，有时我会进行所谓的"早鸟交易"。我在早晨4:00开始进行交易。但是，并不是每天我都早起进行"早鸟交易"，除非接到我儿子摩根（Morgan）的电话。今天早上我没有接到他的电话，因此我多睡了一个小时。

第11章 对比研究

我的"早鸟交易"有一个特殊的标准。只有亚洲市场、欧洲市场以及美国市场在凌晨3:30的动向一致时才会进行。多年来我都会早早起床来检查这些市场。但是,摩根16岁时,他决定做一些生意,因此他起床来为我检查这一切,如果达到这个标准,他会叫醒我,从而获得小笔费用。我很喜欢这种想法,因此我也很乐意每月支付他相应的工资。我的很多学生也喜欢这种想法,因此摩根从中赚取一些费用。他现在22岁了,每一天凌晨3:00,他会起床查看市场,如果看到这一趋势,他便叫醒所有客户,告诉他们可以进行利润丰厚的交易。但是,就像我所说的,这一天我没有接到他的电话,现在已经早晨5:00了。

在办公室和家里,我运行着无数个监测器和路线图软件,从而不断地记录市场数据,以便我查看标准普尔股指期货、道琼斯指数期货和纳斯达克指数期货的价格。事实上,我查看市场和许多东西。首先,我想知道相较于开盘价,每个市场是如何交易的?是否有重要的偏差?接下来,我想知道主要期货市场是否朝同一个方向变动。换句话说,市场是否一致?是否达成共识,即牛市或熊市哪个占主导?如果是,我可能会更留意。如果主要期货市场有明显的偏差,我知道在它们达成一致以前,我不会进行交易。我会远离市场,继续等待。

上午6:00,是时候进行交易了。我回到电脑屏幕前。我会特别关注法兰克福指数期货。我关注并记录其在上午6:00的价格,因为那一数字是一个主要节点数字。我利用这一节点数字和收集的其他信息来进行交易。如果法兰克福指数的交易价格高于上午6:00的价格,我将会进行做多。如果交易价格低于上午6:00的价格,我将会进行做空。通常我会在此期间进行交易,除非有定期新闻即将发布。

我知道也理解新闻的重要性。如果某些报告发布时,我赚取了很小的利润,我会暂且满足于那些小小的收获,因为新闻使得市场中的长期交易非常危险。我不想留在市场中寻求更大的利润,因为这会增加风险。我有其他的机会来乘风破浪,但现在我只想控制风险。

如果没有新闻，我会早早地进行交易，快速赚取一些利润，并且让股票搭乘市场的顺风车。也就是说，我想快速获得足够的利润，只留下小部分股票在市场中自由交易。我使用3T方法来完成这一目标。我买入后，希望快速退出2/3到3/4的股票，从而获得利润。然后我将止损点移动到盈亏平衡的位置，并且让剩余的股票在市场中自由交易。如果某一趋势继续加强，那么随着纽约人的苏醒和关注，这一趋势很可能会加速。他们会加入这一趋势，并增加其力量——这对我来说是非常有利的。

如果我成功地完成了前期交易，这一部分利润已经弥补了股票下跌带来的潜在损失。一旦我持有自由交易的股票，对我来说就没有恐惧和风险了。我利用市场的钱来赚钱，我能够放松地享受这个游戏。

并不是每一天你都可以在市场中自由交易，可能一周左右才会有一次。但是当你可以自由发展时，这是非常幸福的。如果市场特别顽固，朝一个方向或另一个方向变动，你可以只是坐下来，像冲浪者遇到了巨大的夏威夷波浪一样将其滑过，这是非常兴奋的。如果你能够正确地操作，那么你可以在一天中获得一周的收入。你进行交易时，事情并不会按照预定的方向发展，如果你在获得一些利润后卖出大部分股票，即使利润很少，这也是应该可以接受的。许多次交易并没有按照我预期的方向发展，但我仍然赚钱了。关键是选择正确的入市价格和正确的时间，并且快速获得了一些利润。然后，将止损点移动到盈亏平衡的位置。以后便不需要再担心了。有时你获得的回报比其他时间都多。你只需要不断降低损失。这便是交易的秘诀，当然这也是最难的部分。

标准普尔股指期货在上午8:30开始交易。正如任何有经验的交易者所熟知的，这段时间市场是非常波动的，因此非常容易遭受损失。因此我通常在此时出手大部分凌晨的股票。除非我赚取了足够的利润，可以用市场的钱来进行交易。

我往往不会在开盘时进入市场，我会观察一段时间后再进入市场。但是，我会利用这段时间来收集信息，并找出关键数字。我记录在每日工作表中，并找出支撑线和阻力线。我查看 30 分钟棒状图和参考棒状图（reference bars）来得到此信息。

小心每日的第一笔交易。因为人在这时非常兴奋，因此容易过早地进入市场。如果你第一笔交易失败了，你就会陷入困境之中。因此我会努力将凌晨的损失降到最低限度。在这段时间内只损失日倾斜额度的十分之一。你肯定希望开始就盈利，而不希望用一天的时间来弥补损失。同样，如果你从一开始就亏损，你的判断就会受到影响，因为你会试图弥补已经造成的损失，从而损失更多的钱。因此，不要让点击鼠标的指头痒痒。记住在你做好准备并且市场明显地告诉你其意图之前，不要轻易地开始交易。通常交易者做出的最明智的决定是安静地坐在那里，成为一个观察家。

如果我在上午 9:00 到 9:15 之间看到交易机会，我会进行交易。但是如果我没有在 9:15 之前进入市场，我不会在上午 9:30 之前进行交易。我喜欢用半小时的时间来获得市场读数（market readings）。通常，如果一个小时之后我没有在 15 分钟以内进入市场，我会再次等待接下来的 30 分钟读数。

上午 10:15 之前，我紧紧跟随市场。希望市场是良好的，并且可以赚取一部分钱。但是，如果我没有进行交易，这也无所谓，因为在市场收盘前我还有很多时间。

通常我会和学生一起吃饭。在 12:30 之前我对市场没有兴趣。但我想了解 12:30 标准普尔的价格，因为这一节点数字对这一天中接下来的时间非常重要。

我仔细观察下午 12:30 和 1:15 之间的标准普尔股指期货。通常午后市场开始崭露头角，我会找出其动向。如果我发现某一动向不断发展强化，我会进行交易。如果没有清晰的动向，我会等待到下午 2:30。

我不会在下午 1:30 到 2:30 之间进行交易，因为此时市场非常缓慢，并且难以读取。我会远离交易平台，去某地娱乐一下。我会打几个电话，跟办公室的同事聊天，或者思考一下。

下午2:30，我回到电脑前，准备收盘。我查看数字。当收盘的时间接近时，市场并不一定遵循其日常模式。它可能会朝相反的方向变动。如果市场中有许多空头，市场价格可能会提升，并挤出卖方。因此我关注下午2:30的价格，并注意其成交量和动向。如果我看到一个模式，我会按这个模式进行交易。有时，这是非常盈利的。

让数字给你指明方向

尽管我制订了详细的计划，但那并不意味着如果有特殊的机会，我不会去争取。如果周日下午基地组织头目奥萨马·本·拉登被捕，那么我一定会出现在电脑前。我会买入。等到星期一开盘铃声响起，无知的交易者将会从我这里买入，然后我就会赚取利润。

我的一些学生非常成功，他们并没有遵循我的计划，他们制订了自己的计划，从而适应其特殊的要求。例如，我的儿子温斯顿（Winston）是一个交易者。他大学毕业后从事交易行业多年。在大学期间，他通过在星期五早上交易法兰克福指数期货赚取日常花销。周一到周四他都会很晚入睡。但是当周五来临时，他会早早起床去工作。他的机制非常起作用，他只关注一个市场，并且一周中抽出一天的时间来交易，因此他完成了自己的目标。

电脑和网络给我们提供了很好的机会。作为交易者，我们现在可以了解很多数据，并且一旦有赚钱的机会时我们能够进行交易。

清点现金还是抱憾损失

在市场收盘之后，我会寻找一个安静的地方进行反思。我回想这一天，并思考市场的现状。市场是突变的吗？是有趋势或者是波动的吗？我的交易如何呢？我观察所有交易——好的和坏的——并且评价它们。我想尽可能地总结一切，因为夜市开盘时，我可能会进行交易。

下午 3:30 标准普尔在全球电子交易系统开盘（星期天开盘时间为下午 5:00），我会记录并研究那些开盘数字。就像夜幕降临前，我会时刻关注市场的进展，并准备好看到合适的机会进行交易。但是我不会冲动地进入市场。在我进行交易之前，我会进行分析并形成策略，从而增加成功的概率并降低风险。

回顾

几年前交易是非常困难的。首先，操作订单的方式并不是电子的。订单是通过打电话的方式传递到交易层。我没有笔记本电脑来搜集信息，并且无法轻松地进入或退出市场。除了这个明显的区别，那时的我与现在相比也是不同的。我花费交易日的 90% 的时间来下订单，然后只用 10% 的时间来思考市场。我很少进行分析。我只是对华尔街传递给我的数字做出反应，我希望通过交易次数的增加来赚钱。

每周结束时，我都是筋疲力尽的。我没有午餐时间，也没有喝咖啡的时间。我很少离开桌子。我记得某一天，我不得不进入浴室，但我没有设置止损点，当我回到桌子前时，我的账户减少了 20000.00 美元。我在浴室中损失了 20000.00 美元。在市场交易时，每次进入电梯我都特别紧张担忧。当我在电梯中时市场会是什么动向呢？当我到达我的楼层时我的账户是增加了还是减少了？

我总是认为自己准备好了。我认真地对待我的工作，并且我努力搜集所有相关信息。事实上，我付出了难以想象的努力。但是我在 1986 年的准备与 2005 年的准备非常不同。

现在我利用周末时间进行准备。我检查商业媒体报道和金融新闻，并且关注重要事件。在家中我可以利用电脑来调查和分析。通过图表和记录，我找到支撑线和阻力线，从而为下一周做好准备。星期一下午市场开盘时，我已经做好了准备。我已经形成了策略并准备抓住合适的机会来实施该策略。

今天，我的关注点发生了变化。我花费90%的时间来进行思考和分析，只用10%的时间进行交易。我理解计划和准备的重要性。我可能不会持续进行交易，但我的软件会不断地收集数据。我可以查看数字并找出趋势。我的交易有条不紊。这是经过计算和浓缩的。正如我在本书开头所说的，我不是为了交易的乐趣或刺激而进行交易的，我是为了赚钱才进行交易的。有趣的是，抱有这种想法我赚了更多的钱，因为我不会浪费子弹。没有多余的子弹来射击时，我就会精确地瞄准目标。

经验总结

☆ 利用周末时间了解金融事件。
☆ 研究上一周的交易图表，并找出下一周可能达到的关键数字。
☆ 了解将要发生的定期新闻事件。
☆ 将宏观市场可视化。
☆ 制定每周的交易策略，为设定的目标做好准备。

第 12 章 要点概述

交易要求掌握大量技巧，包括市场分析、看盘、操作、情绪控制，特别是资金管理。交易者熟练掌握一个或多个技巧是远远不够的，必须擅长所有技巧，而且单纯地掌握这些技巧也是不够的。成功的交易者必须将这些技巧形成每日常规，并让这些技巧共同发挥作用。这种应用方法是不容易的，并不是轻而易举就能做到的；但是通过长时间的努力，交易者可以掌握交易这门艺术，并且成功地学习这些技巧成为获胜者。

几年前，日内交易研究所中的一个学生想出了一个主意，这帮助了许多学生。如果我们在一天结束时是盈利的，哪怕只赚了一美元，我们就在日历上画绿圈。我们努力工作，以获得更多的绿圈。这听起来可能很愚蠢，但这让我们记住自己的目标，并且让我们朝目标不断努力。没有人愿意看到自己的日历满满是红圈，而且我们会因为日历上满是绿圈而感到骄傲。

这一章是对前面的回顾。希望可以帮助你总结信息，并理解这一切是如何组合在一起的，以便你可以成为画满绿圈的成功交易者。

从关注时间开始

交易对时间非常敏感，一天中某些时间段交易成功的概率较大，至少对我的方法来说是这样的。也有一些时间，明智的交易者通常会远离市场，做一个观察家。最好的时间段是流动性和波动性较大的时候，我把这些时间称为交易区，因为我相信这些时间成功的概率较大。每个交易日中有3个交易区。交易区如下：上午9:00—10:15，下午12:00—1:15，以及下午2:15—2:45。这些时间中市场通常较活跃，因此我有机会使用3T交易法，并且这些时间中，我也更容易看盘，因为市场活跃时更容易预测。如果市场非常安静，成交量显著下降，指标就会不可靠，此时你可能长时间持有股票进行交易，但却无法获得收益。虽然你处于低迷的、缓慢的市场中，持有量较大的玩家可以进入并且人为地变动价格，从而给你带来损失。因此你不会想在此时买入或卖出，你只需要坐下来等待，市场的急速反转只会让你坐以待毙，就像车祸现场，可能不是一个漂亮的景象。

除了这些理想的交易时间，还有一些时间你也要远离市场。在下午1:30到2:15之间，通常会有一个反向趋势，即使是精心设置的保护性止损点也能够达到。我将这段时间称为"死亡之神"，这段时间我会让手远离鼠标。同样如果我在下午12:30到1:00之间进行交易，我只会买入。因为在这30分钟内，市场通常会发出错误的信号；市场可能显示抛售，但是通常到下午1:00，市场会上升，可能是轻微的上升。因此，在这段时间内我买入或远离市场。很多次我在这段时间卖空市场，但我损失惨重。

了解每时每刻和世界各地市场是如何交易的

美国是众多国家中的一个，就像美国市场并不是整个的金融世界一样。在美国日交易结束后，夜市在纽约和芝加哥开盘，在美国人沉睡之际，亚洲和欧洲的日交易开盘。最活跃的市场就是那些太阳照耀的市场。一些最大的美国公司在外国交易所进行交易，因此，了解日经指数（东京）、恒生指数（中国香港）、法兰克福指数（德国）、富时指数（伦敦）、CAC指数（法国）以及其他市场指数是如何交易的可以让我们深入了解我们的市场指数是如何交易的。这也让我们了解全世界重要的经济力量的长处和弱处。了解这些信息后，我认为我比那些没有了解的交易者更强。当芝加哥和纽约市场的日交易开盘时，我感觉我比一般人懂得多点，因为我多下了点功夫，并且了解主要外国市场的动向。

德国法兰克福是一个大指数，我在凌晨交易该指数，也把它当作市场指标。这是我看盘的一部分。只要该指数开盘，我便将其作为确定市场动向的标准。法兰克福指数是看涨行情还是看跌行情呢？法兰克福指数与道琼斯指数、纳斯达克指数和标准普尔股指期货是否一致呢？

我使用 24 小时制进行交易，这使我具有相应的市场优势。但我不会熬夜，我利用软件来记录所需要的信息，并形成图表。

全年的时间也非常重要

每年我记录的重要市场数据是这一年中计划交易的市场、指数、商品和股票的开盘价。然后我利用这些信息来形成每月和每周的趋势线。通过观察趋势线的动向以及其与开盘价的距离，我能够确定宏观市场是看涨行情还是看跌行情。获得此信息可以帮助我跟随市场趋势，并且避免被市场中错误的和瞬间的动向所误导从而让我遭受损失。

关注假日

明智的交易者并不会只关注元旦这一天。市场也利用其他日期作为基准点来进行审查和重新评估。这些值得关注的日期包括 4 月 15 日、纪念日、劳动节、感恩节以及圣诞节。

事实上，12 月这一整个月对我来说是一个梦幻般的时间。节日的氛围通常从 11 月底开始，持续到时代广场元旦盛大的庆祝活动为止。12 月并不总是价格上升，但是在我的经验中，这个月利润丰厚，我喜欢 12 月。

短暂休息有助于打破连败局面

每个人在交易中都会经历失败。有时我们可能一天或两天是失败的，有时我们可能会连续几天或者几周是不顺的。交易者打破连败的一种方式是休息一会。休息一下来理清思绪并试图分析你的错误。你如何选择交易从而将失败变为成功？在休息过后，如果你想进行交易，那么就进行模拟交易或纸上交易。不要冒险投资金钱，除非你已经找出问题并改正了问题。

数字与时间的统一

每一个市场、交易所、指数、商品和股票都有相对比较重要的价格点。这些点是支撑和阻力形成的关键区域。关键数字有两种：历史关键数字和对近期交易有影响的数字。想要了解历史关键数字，你可以回顾一下第3章。但是，第3章中所提供的列表并没有包括所有的历史关键数字。找出关键数字的最好方式是不断地观察和研究。

其他关键数字随着市场交易的进行逐渐浮出水面。例如，随着市场的下跌，买方在某些点进入市场，从而提供了支撑；并且随着市场的上升，卖方在另一些点进入市场从而试图降低价格。这些支撑价格点和阻力价格点就是关键数字。如果你想成为成功的交易者，你需要了解这些关键数字。通过了解这些知识，你不会在高点买入、在低点卖出。你会知道低于主要阻力点的时候不要买入，高于支撑点的时候不要卖出。在支撑和阻力打破后再进行风险投资。

使用关键数字来入市、出市及设置止损点

我用多种方式来使用关键数字。首先，我利用年度开盘价、月开盘价和周开盘价形成趋势线，从而展示宏观市场状况。一旦我了解了宏观市场，我会更容易分析目前市场的动向，并决定进行做多、做空还是退出市场。每天市场开盘时，我会牢记宏观市场状况，从而帮助我紧随市场趋势。

一旦形成宏观概念，我会逐渐缩小时间段，最后缩小至目前手中的交易。我会找出最靠近目前市场交易价格的关键数字，然后利用这些关键数字来确定入市点、利润目标和止损点。如果我买入市场，我不会在主要关键阻力点附近买入。这种行为是非常愚蠢的。相反，我会把入市点选择在高于阻力点的地方，这样我可以随着市场价格上升至下一个阻力点，从而赚取利润。

同样，我不会在支撑点卖出。如果牛市强劲而熊市羸弱，支撑就会持

续，我将会处于损失的地位。了解并明智地使用关键数字可以帮助我赚钱。关键数字的价值是我无法衡量的。如果你不熟悉关键数字，并且没有在交易中使用关键数字，我强烈建议你回去看一下第3章，因为毫无疑问，关键数字是非常重要的。

看盘是市场分析的技巧——学会看盘

精确的看盘是成功交易所必需的。没有大盘，交易者就像迷失在茂密森林中的猎人，没有指南针，不知道该往何处去。看盘有很多方面，首先，你需要了解宏观市场，从而了解市场的总体趋势。华尔街是看涨行情还是看跌行情呢？

你清晰地了解宏观市场后，逐渐关注目前的市场。将即时交易情况与宏观市场趋势相比较，它们是否一致？如果不一致，它们的偏差多大呢？如果宏观市场是强劲的看涨行情，而当前市场却是轻微的看跌行情，那么卖出须谨慎。市场可能正在下跌，但市场可能会快速上升，从而给你造成伤害。通过使用关键数字和趋势线，希望你可以留在成功者的行列中。

一旦你了解了宏观或长远的市场，以及当前或短期市场，你要对分析进行验证。其他指标和市场是否支持你的观点呢？

查看其他市场

一般情况下主要市场、指数以及交易所的趋势是一致的。我总是关注标准普尔股指期货指数、道琼斯指数期货、法兰克福指数期货以及纳斯达克指数期货。在进入市场之前，我会查看其他市场以确保我的决策是正确的。例如我正在考虑买入标准普尔股指期货，在我买入之前我会先了解其他市场是否同样是看涨行情。如果其他市场也是牛市，我的买入行为就得到确认。但是如果市场之间出现偏差，那么我会在一旁密切关注。有时主要指数或交易所非常低迷，这是有原因的。不要忽略它。相反，将它看作是红色警告标志，仔细研究并密切关注该市场。通过观察市场的偏差，从而远离市场，我多次避免了损失。如果市场出现真正的看涨动向或看跌动向，大指数和交易所通常会朝相同的方向变动，从而为你的分析和决策提供支撑。

不要孤立地看待价格

不要孤立地看待价格，而是要将价格放入宏观市场中进行理解，否则该价格是没有意义的。放入宏观市场中该价格是什么意思呢？是一个好的买入点或卖出点吗？如果不是，你要远离市场。在你看到好的交易价格之前等待一下吧。

在点击鼠标之前，确保主要市场指标支持你的决定

许多市场指标可以帮助你看盘。我时刻监测纽约证券交易所发行量、纳斯达克指数发行量、最小波动价位、阿姆士指标、V-因素以及 TTICK 指标。通过多年的交易，我学会了如何读取并解读这些指标。第 4 章细致地解释了这些指标，并指导你如何使用这些指标。在交易前你需要检查所有指标，从而确认买入或卖出的决策。

时间是看盘的另一个因素

为了正确地看盘，你必须意识到时间的重要性，并了解交易中时间所扮演的角色。市场指数在上午 9:00 是一个意思，但相同的指标在下午 1:45 就是不同的意思。这是完全可能的，因为一天中某些时间较其他时间更加活跃，并且我发现在活跃时间内，市场指数更容易读取并且更可靠。当市场太迟缓，并且动向出现间歇时，指标会更难以预测，因此很容易误读。所以，我通常在这些时间段远离市场。我最好的交易机会出现在交易区内。只是确保在看盘时，你也考虑了时间及其重要作用。

交易是一门艺术而不是科学

时刻牢记交易是一门艺术而不是科学。交易没有简单的原则可以遵循。交易有许多灰色阴影。因此，你需要掌握看盘的技巧。这是不容易的，并且这个技巧并不是一蹴而就的。良好的看盘技巧需要花费很长时

间，甚至是数年才能掌握。而且掌握该技巧也需支出一笔费用。但是，如果你坚持下来，你便可以掌握交易的技巧。

成功的交易需要稳定的情绪

每一个交易者都要了解交易中情绪的重要作用。一旦资金上线，你可能会变得贪婪、恐惧或者傲慢。想要成为成功的交易者，你必须学会控制这些情绪，从而保持情绪稳定。

贪婪是一种非常强大的情绪。不论我们有多少钱，我们都想要更多的钱。通常新手交易者容易犯的一个错误是他们认为进行日交易会一夜暴富。我没有看过这样的情况。你必须持有合理的期望，你的期望要与你的培训和经验相符。如果不相符，那么你注定会失败。贪婪让你进行风险较大的交易，并且你将会遭受损失。或者你将会交易成功，但贪婪让你想要获得更多的利润，而这些利润是市场不愿意给你的。因此当你在等待彩虹尽头的一罐金子时，市场达到了关键数字，然后反转，你的利润变成了损失。控制贪婪，否则你的交易将会变成损失。

另一个危险情绪是恐惧。交易包括一定的风险。如果你对所有的风险都感到害怕，那么你无法进行交易。这并不意味着你应该盲目地进行交易，从而让自己陷入危险的境地。这意味着如果你认真地分析了市场，确定了风险度，了解了你可以承受的风险并且愿意承担该风险，那么轻松地按你的策略行事。不要让恐惧破坏了你的交易。如果你过度恐惧，那么你将无法点击鼠标，即使是市场条件非常理想、你的分析非常完美的时候，你也会犹豫、等待，从而错过赚钱的机会。

恐惧会用另一种方式伤害你。每次市场出现与你预期相反的轻微变动时你都会质疑自己。你理性希望市场有点波动。但如果恐惧占据了你，市场出现的任何与你预期相反的波动都会让你赶紧补仓，并退出可能盈利的交易。通常发生这种情况时，本来可以赚取的利润就会变成损失。如果保持情绪稳定就可以获得的利润，却被恐惧带走了。

最后一个导致极端沮丧的情绪是傲慢。许多交易者不承认自己所犯错误。他们跟随了相反的市场趋势，并且忽略了所有指标。他们不停地自欺欺人，认为他们是正确的，坚信市场终会证明他们的决定。但是他们的资金遭受了损失。要对分析充满信心，但是不要傲慢。每个人都会犯错。在进入市场之前研究一下，并且找出某个点，当市场达到这个点时就证明你是错了。如果市场趋向于该点，那么退出你的股票吧，在一旁作进一步的分析，不要继续持有股票等待被宰。即使最好的交易者也会犯错，你只需努力降低损失，从而长时间停留在交易游戏中。

处理情绪的技巧

我利用许多技巧来处理情绪，保持情绪稳定。首先，在没有止损点的情况下不进行任何交易。这是非常重要的。因为首先如果突发新闻或者市场崩溃或价格上涨，止损点会让你免受巨大的损失。其次，如果你犯错了，并且在你知道自己犯错的点设置了止损点，市场将达到你的止损点，从而让你脱手损失的股票。没有设置合适的止损点，你很容易继续持有损失的股票，希望市场可以反转。但是希望、愿望或梦想并不能改变或移动数字。你要尽快走出失败者的行列，并且保护你的资金。

我使用的另一个技巧是两分钟法则。我所进行的交易大部分都会在短时间内获得收益。我的交易方法是根据这一法则，然后让股票在市场中自由交易。因此，我经常观察钟表。如果我在两分钟之内没有获得收益，我会详细检查交易。也许我犯错了，我需要退出股票，从而避免承受大损失。如果市场无法预测，我不会进入市场。那么如果你退出了股票，而几分钟后市场按照你预期的方向发展怎么办？你可以再次进入市场。只需保护资金，这样你可以继续进行交易。

设立目标并且有策略地实现这一目标

没有有效策略的交易者会失败。没有计划，是无法赢得这场游戏的。他们的交易就像一个没有经验并且被蒙住双眼的枪手朝目标射击一样。交易是一项业务，因此就像其他业务一样，你需要一个策略计划。仔细分析你的个人财政状况,并确定你可以进行风险投资的额度。考虑一下自身的状况以及你的存款。你能承受潜在的损失吗?你能应对市场的波动吗?你有时间进行交易吗?如果你想掌握这个游戏,你投资的不仅是钱,还有时间。你必须进行研究、调查、观察并且全身心地投入市场中,收集市场数据。如果你没有钱,并且比较情绪化,没有处理交易的时间,也许你应该选择其他的行业。

如果你有这些资产,也愿意将其投入到交易中,那么开始研究市场并制定行动策略。在你点击鼠标进行交易之前,还有一个比较重要的问题你必须回答:我应该做多、做空还是退出市场呢?这个问题的答案将引导你的行动。确保在你回答这个问题时,你已经用其他市场、指数和指标验证了你的决定。

利用3T交易法帮助你获利

我使用多合约交易法。这就是为什么我如此认真地选择入市点。如果我没有设定合适的目标,并且没有管理交易,那么即使我只交易一两张合约也会损失更多的钱。但是如果我目标正确并且管理有效,那么我的损失会降低,利润会增加(记住我有多年的经验。新手交易者应该慢点开始,在交易大量合约之前确保盈利。他们在交易多个合约之前,应该先交易1张或2张合约,磨炼其技能!首先要考虑风险。对于新手交易者,交易大量合约风险太大)。

以下是我的方法:我买入或卖出多合约或证券,并且以不同的利润等级出手。我利用一部分股票快速获得利润。我将其称为交易的基点头寸价位。在我获得这部分利润后,我的负担减轻了,然后我将一部分利润存入银行。针对第二部分利润目标,我清算一部分股票,从而获得更高的利润。这部分称为交易头寸。如果我正在交易标准普尔股指期货,我可能用这部分股票获得两点或三点的利润。最后我利用剩余的合约跟随市场趋势。很明显这是趋势阶段,也是我交易的最后阶段。

到此时,如果交易成功的话,我已经将钱存入银行中,并且我将止损点移动到盈亏平衡的位置。现在我已经将风险降到最低,因为我从市场中赚的钱已经可以资助我进行交易了。我将这一策略称为在市场中搭顺风车。

我使用 3T 交易法，该方法对我非常有用。你可能想找到自己的策略，那么只需确保策略对你有效。有许多接近市场的方法，找出一个。并不是每个人都喜欢我的策略，我也不提倡每个人都采用这一策略。每个交易者必须对其交易负责，并且愿意承受交易结果。关键是你必须有行之有效的策略，如果我的策略对你无效，那么找一个有效的策略吧。

正确地执行策略

一旦你发现并掌握了有效的策略，你必须正确地执行该策略。观察时间、关键数字以及市场指标。当时间合适时不要犹豫，也不要过早地进入市场。坚持不懈、遵守市场规则并做好相应准备。

交易是一项需要良好资金管理的业务

资金管理是交易的主要部分。新手交易者所犯的最普遍的错误就是不会管理其账户。他们在察觉前已经损失了太多资金了，因此他们的交易也关闭了。这就是管理交易并降低损失的重要性。

从管理账户余额开始。确定你的经济能力和情绪上可以承受的损失数额，然后将此数字作为你的倾斜数字。如果你一笔交易的损失或一个交易日内的损失超过该数字，那么停止交易并关闭交易平台吧。我不能为你设立倾斜数字。你必须根据个人特点和财政状况确定倾斜数字。一些交易者使用的是 2% 法则，其他交易者承受的风险则或多或少。

我使用的另一个技巧是三击出局原则。不管我损失多少，如果我一天中 3 笔交易都失败了，那么我会退出交易。很显然，此时有些事情是不对劲的，我需要停下来重新组合。即使我的损失非常小，我也会停下来。我很会管理失败的交易，能够在输个精光之前退出交易。不论是市场失常还是分析失误，如果我失败了 3 次，我会接受这一事实，然后去打会高尔夫。

在交易之前我也会事先了解其风险。如果风险太大，我无法承担或者不愿意承担，那么我会远离这笔交易。等待更好的交易机会吧。在进入市场前，我找出入市点、利润目标以及止损点。如果达到我的止损点，我会接受损失，然后等待下一个机会。

我也管理每一笔交易，并努力减少损失。这说起来容易做起来难，但我会努力降低损失并提高利润。当你进行交易时，时刻关注其他市场和其他指标，并且不断看盘，相应地调整策略。

保护资金的最基础最重要的方式之一是利用止损点进行交易。在日内交易研究所，我们时刻要求交易者使用止损点。没有保护性止损点，你将完全受市场的控制。此时如果发生灾难，那么你不受任何保护。但是有时市场出现戏剧性的突然反转，你的止损点可能被略过，你可能被赶出市场，但是这只是特殊情况。如果你设置了止损点，你就在遇到灾难时降低了损失。9·11那天，这一方法给我和学生带来了巨大帮助。我们的止损点让我们免受市场下跌所带来的损失。

记住交易不是快速致富的游戏。控制贪婪，设置合理的目标并赚取合理的利润。如果你经历了一连串的失败，暂时休息一下吧，停下来分析一下。仅仅交易少量股票，并且在账户余额损失殆尽之前，找出并改正你的错误。

新闻可以破坏你的完美策略

即使你已经努力地研究市场并且找到了有效策略，还有一个因素可以毁坏你的交易，那就是新闻。新闻有两种：突发性新闻和定期新闻。突发性新闻无法控制。恐怖袭击或其他灾难事件可能随时发生。你所能做的一切就是设置保护性止损点，并对此不良事件做出快速反应。

定期新闻与突发性新闻不同。公众知道定期新闻事件公布的时间。我们可以阅读《巴伦周刊》《华尔街日报》或其他经济出版物，或者我们可以查看一系列有用的网站，我的建议是在这些定期新闻事件发布时特别小心。市场通常以极其不合理且富有戏剧性的方式回应此新闻。你一定不想在这种情况下措手不及。除非你经验丰富且知道你要做什么，否则在经济新闻发布时不要进入市场。清算你的股票，然后在一旁观看吧。在新闻发布后让市场来消化它。那时你再考虑进行交易。

第 8 章包括一些最重要的市场动向报告，但还有其他一些未列出的报告。在交易日开始前，你要确保了解那一天发布的金融和经济报告，并且相应地计划你的交易。如果你没有了解这些信息，并且没有掌握到受新闻影响的市场动向，你可能愚蠢地进入市场，然后在高点买入或者在低点卖出。不要做这样愚蠢的行为。在新闻公布前，了解新闻并退出市场。

成功的交易者必须有适当的设备

在过去几十年中科技获得了巨大的进步，交易也因此发生了前所未有的改变。今天交易者要想获得成功，必须具有适当的设备以及充足的数据和信息。因此，在附录 B 中，我探讨了一些在线交易所使用的基础设备和其他物品。由于技术不断进步，这些信息在不久的将来就会过时，但是对某些刚刚开始交易的人来说是非常有用的。关键是你必须具有适当的设备，否则你成功的概率将会大打折扣。

时刻准备好，进行评估并改进

每一个专业交易者都明白不断提高交易技能的重要性。专业交易者也应时刻了解最新消息。交易与其他职业一样。如果你想掌控该游戏，那么你应该不断学习并自我批评。

当然你一定想从其他专业人士和市场中尽可能地多阅读、研究、观察并学习。但是最好的信息来源就是你的交易。坚持记交易日记并使用交易日记。记录你所进行的交易及其原因。研究你的成功交易和失败交易，并从中学习。你如何减少损失呢？如何增加利润呢？你的交易日记包含着答案。认真地研究一下吧。

找出错误并改正错误。不要日复一日地重复相同的错误。如果你不断地进行失败的交易，那么你应该了解其中的原因并改正。否则你的交易生涯会早早结束。

正如本章前面所说,交易是非常困难的。如果你是新手交易者,慢慢接近市场,在你找到并验证了有效策略之后再进行交易。然后慢慢锤炼你的技能。当你开始时,只交易1张或2张合约,并确保你的交易是盈利的,然后再增加股票持有量。聪明一点,在交易前做好准备。

1987年的经济危机让我明白了管理风险是最重要的,然后再考虑利润。如果能够这样做,那么你将是最好的交易者,并且你成功的概率将大大增加。

在本书中我分享了一些对我的交易和生活有影响的事件。故事很简单但影响却非常深远。记住每一天都是新的开始,每一天都有新的机会。从过去中学习经验,但是要活在当下,为将来做好准备。市场终会再次崩溃,做好准备吧。

祝你的交易生涯一帆风顺!

第 13 章 关于天才学说的反思

许多人认为只有天才才能战胜华尔街,我将这种理论称为天才学说。曾经有一段时间我也认同这种说法,但是我对无数个学生观察了近 10 年之后,我持有不同的观点。

我一生中认识很多聪明的人,这些人我认为是天才。天才有很多种,其中一些擅长科技,拥有设计并建造非常好的市场分析工具的天赋;也有医生或者律师天才,他们的分析能力非常强,并且他们在急救室中或者在法庭上也是最棒的;有些天才是电脑怪才,他们绝对掌握了电脑的一切,但他们却不懂得讨论《老友记》或者无法和同事一起闲谈。

在定义上,天才是比其他人聪明的人。他们大脑中的灯泡更加明亮。当普通人是 100 瓦时,这些天才的灯泡可能是 200 瓦或更多。天才的灯泡是比较明亮的,这是众所周知的。

但是,这就意味着他们是很好的交易者吗?几年前我坚信特别聪明的人会很快掌握游戏规则,并用打破纪录的速度来获得财富。但是,多年来,我明白了天才学说是有严重瑕疵的。智商很高但没有其他技巧和特性是不会成为华尔街的成功者的。

为什么天才学说是不正确的呢?我进行了深入的思考,我认为有以下几个原因:

首先,金融市场的发动机是普通人。他们是市场的买方和卖方。美国甚至全世界中数百万智商在 100—120 之间的人会买入并卖出股票。问题是这些天才并不像大部分人一样,因此他们的市场分析也是不正确的。他们的选择并不总是明智的。

例如，某个天才可能会喜欢一个关于计算机创新的新公司。他看到这些产品的价值，并坚信世界终会认同的。他将全部股票都投资到该公司中。但是，那里没有足够的天才，该公司的市场份额太小了，最终该公司破产了。如果该天才的想法和我们一样，他可能意识到该产品虽然非常好，但它没有大众市场。

现在以普通人为例。她每天都使用一个日用品并且非常喜欢它。她有机会投资生产该日用品的公司并且她投资了大笔资产。许多普通人也非常喜欢这个产品，并且也都同意她的做法，因此该产品的销路非常好。公司飞快地发展，并且她获得了很多收益。有时普通人的想法更可靠。

第二，天才不会承认错误。事实上，他们都无法找到自己的错误，因为他们没有习惯犯错。在学校里，他们通常都是对的。他们总是得 A++，而其他普通人会得 B 和 C。他们不会处理错误。"错误？当然不是我犯的！"

天才分析市场并做出决定时，他们当然认为自己的决定是正确的。但是如果他们错了怎么办？相反我知道我可能会犯错。我时刻关注市场指标、其他指数和交易所，我可以确认或反驳我最初的关于市场动向的观点。天才很少质疑自己，因为他们非常确信自己是正确的。市场的动向与天才的预期相反时，该天才无法做出应对。很快天才的账户就会清空。

交易中犯错误是在所难免的。没有哪个交易者是永远正确的。事实上，成为成功的交易者并不需要时刻正确。但是，你正确的次数要比错误的次数多，并且你需要进行良好的风险管理。关键就是要意识到你的错误并改正错误。如果交易者没有意识到自己的错误并快速出手股票的话，他们不可能在交易市场长久存在。

第三，天才通常不通人情。市场变动很快。高智商的人具有另外一个问题，就是喜欢深度思考和分析。市场是一个快速变动的机构。但是天才分析所有事情，导致最后无法做出决定。问题是当天才交易者正在进行精确且详细的分析时，市场就像风雨交加的夜空中的闪电一样迅速变动。

在你点击鼠标之前，你没有时间写博士论文。因此，但在市场变动之

第 13 章 关于天才学说的反思

前你必须做好准备。交易日开始时,好的交易者已经做好了准备,并且记录了所有所需数据。好的交易者随时都会宏观把握市场,并且清晰地了解目前的市场相对于宏观市场的状况。好的交易者会找出关键数字,并查看上线交易的时间是否合适。当合适的交易机会出现时,该交易者已经做好准备并点击鼠标。相反,天才会一直分析市场,从而错过机会。普通人再一次战胜了天才。

天才学说的另一个问题是许多天才只关注其能力。他们可以将一件事情做得非常好。但是通常他们不是通才。我认为好的交易者应该是通才,至少他们拥有技能组合。交易需要很多技能。好的交易者可以分析、执行、控制情绪、管理风险以及具有良好的资金管理能力。成功的交易者须掌握各种各样的技能。

最后,我认为许多天才无法掌控市场还有另一个原因。他们不是风险承担者。他们几乎不会承担风险。在学校中,他们知道答案并且标记出来。他们知道如何将配件放在一起,并且他们也成功地将它们放在了一起。但他们无法适应不断摸索的过程,而这些是我们已经适应了的。因此,他们无法承担风险。交易是建立在一定的风险上的,如果无法面对风险,那么你不应该成为交易者。

毫无疑问,我并不是说像我一样成功的交易者都是傻瓜。但是,我的确是一个普通人。我会犯错,然后我会处理错误。我知道自己不是一直都会正确,因此我不断地搜寻更多的信息和数据,以便再次确认或更正我的分析。

如果你认为自己是一个天才,那么不要放弃,你只需增加一些我们普通人的特质。你需要意识到自己并不是随时随地都是正确的。进行分析但不要过多地分析,以免错过宏观市场提供的机会。练习如何处理错误吧,花点时间冷静思考一下,然后采取正确的行动。

附录 A 术语汇编

四大指标

我把 4 个非常重要的指标，称之为四大指标，包括标准普尔指数期货、纳斯达克指数期货、TTICK（我发现的指标）以及法兰克福指数期货。法兰克福指数期货的电子交易在美国中部标准时间下午 1:00 结束。在法兰克福指数期货收盘后，我用道琼斯指数期货代替法兰克福指数期货，成为四大指标之一。

法国 CAC-40 指数

CAC 是指巴黎证券交易所，包括 40 家法国公司。它由两部分构成，CAC 现金市场和期货市场。CAC 表示 Compagnie des Agents de Change 40 Index。

现货市场

现货市场指期货合约基础上标的证券的总市价。例如，标准普尔现货是指标准普尔指数所采选的所有股票的总市价。纳斯达克现金指纳斯达克指数所交易的所有股票的总市价。

CBOT

芝加哥贸易委员会，简称 CBOT。该委员会是芝加哥的一家证券交易所。道琼斯指数期货和证券期货在此进行交易。芝加哥贸易委员会有一个被称为 a/c/e 的电子交易系统，道琼斯指数期货和证券期货每天在此交易平台进行 20 个小时的电子交易。

CME

芝加哥商品交易所，简称 CME。该交易所位于芝加哥。标准普尔期货和纳斯达克期货合约在此交易所进行交易。CME 拥有著名的电子交易系统——全球电子交易系统。全球电子交易系统提供 24 小时电子交易。

DAX

DAX 是在法兰克福交易所上市的一个德国指数。这是一个非常重要的外国市场，我将其看作是四大指标之一。可以通过欧洲期货期权交易所（Eurex）来交易 DAX。交易 DAX 所用的货币是欧元。

衍生工具

衍生工具是一种从另一个标的工具中获得价值的证券。期货合约和期权是衍生工具的两种。标准普尔期货合约的价格取决于目前标准普尔现金指数的市价。同样，股票期权的价格取决于其所依赖的股票。如果国际商业机器公司的股票交易价格为每股 100 美元，并且购买期权为每股 90 美元，那么期权的价值为每股 10 美元。但是如果国际商业机器公司的交易价格为每股 85 美元，那么相同的期权就会是虚值，并且没有价值。

交易所

交易所是证券进行交易的地方。芝加哥贸易委员会（CBOT）、芝加哥商品交易所（CME）以及纽约股票交易所（NYSE）是典型的交易所。

FTSE

FTSE 是位于伦敦的一家交易所。在凌晨进行交易时，这是非常重要的市场。

全球电子交易系统

全球电子交易系统是芝加哥商品交易所内的电子市场。标准普尔期货电子迷你合约在此平台进行交易,而较大的标准普尔 500 期货合约在夜市中通过此平台进行交易。

"死亡之神"

我将下午 1:30 到下午 2:00 之间(中部标准时间)称为"死亡之神"。这段时间内市场通常会出现反向趋势。此时市场的波动性和不可预测性非常强。因此我将这段时间称之为"死亡之神",因为许多交易者在这一时间走向灭亡。

恒生

恒生是位于中国香港的一家交易所。我将其看作是一个非常重要的市场,它在一定程度上影响美国市场,特别是在夜市的早些时候。

指数

指数是一组代表更广阔市场的股票。道琼斯工业平均指数是美国最古老、最有声望的指数。理论上讲,该指数的健康程度反映了整个市场的健康状况。

关键数字

关键数字是指在市场中非常有影响力的数字。在关键数字处会形成支撑或阻力。一些关键数字的重要性日益突出并且历来非常重要,例如对道琼斯指数来说,10000 就是历来非常重要的关键数字。每个市场都有历来非常重要的数字。还有一些数字也是关键数字,因为它们在近来的交易中非常重要。例如,年度开盘价、月开盘价、日开盘价等。

限价订单

限价订单是订单的一种形式，经纪人在达到某个特定价格或者更高时执行该订单。例如，限价买单规定了买方支付的最高价格。买方不会支付高于此数字的价格。同样，限价卖单规定了卖方卖出的最低价格。他不会低于此限价出售。限价订单在先到先得的基础上填写，并且不需要填写保证人。例如，如果买方通过限价买单在1100.00时购买标准普尔期货合约，同时已经有100个订单以相同的价格来购买此证券，那么该新订单就会排在101个被执行。在前边100个订单填写完毕后才会填写该订单。如果价格出现上升或下降，那么此订单可能不会被填写。这便是限价订单的内在风险。

保证金

保证金基本上就是杠杆交易，期货账户必须是保证金账户。进行股票日交易需要使用股票保证金账户。保证金账户允许交易者通过从经纪人那里借用一部分资金以杠杆化交易实力。交易者以这种方式控制的资产比交易账户余额更多。保证金的多少取决于所交易的股票和其他因素。每一个交易者可能设定最小保证金要求，并且经纪人可能设定更高的要求。期货是一种高保证金的证券，高保证金会增加其风险。

市场订单

市场订单是指经纪人通过该订单立即以最佳价格执行交易。这是保证执行的唯一订单类型，因为在订单到达交易层时，该订单必须以最佳价格执行。

纳斯达克

纳斯达克是一种完全电子化的交易所。既包括纳斯达克现金市场，也包括纳斯达克期货市场。

日经

日经是位于日本东京的一家交易所。当日经和其他亚洲市场开盘时，正是美国的傍晚时分，此时大部分美国交易者正在结算其一天的交易。

期权

期权给予买方在某一日期或者该日期之前以预定价格买入或卖出特定证券的权利，而非义务。期权的买方支付一定的费用获得该权利。如果达到当前交易价格或行使价，期权可以行使。如果未达到行使价，该期权就是未到价，并且在截止日变得无用。

节点

节点是指市场出现转折的点。节点数字是支撑点和阻力点。这些点是市场中的关键数字。高于节点为看涨行情，低于节点为看跌行情。

保护性止损点

保护性止损点是为了降低交易风险而下的订单。交易者决定他或她在交易中愿意承受的最大损失，并且在那一点设置保护性止损点。即使设置了止损点，但并不保证该订单一定会填写。在很少的情况下，市场可能快速变动，止损订单可能被略过而无法执行。在这种情况下，交易者可能承受比预期要多的损失。对于期货合约，交易者承受的损失可能比整个交易账户的价值都多。如果账户余额低于保证金要求，交易者会收到追加保证金的通知，以弥补额外损失。

实时报价

实时报价是及时且精确的价格数据。这些报价应该及时以电子方式传递，也就是说它们应该精确到秒。实时报价通过各种硬件和软件来提供。延迟的报价往往是免费提供的，但并不可靠。成功的日交易需要实时报价，而这些信息是不免费的。

参考棒状图

参考棒状图是在特定时间段内的交易构成的棒状图。我使用30分钟参考棒状图，特别是下午3:30—4:00、凌晨2:30—3:00、上午8:30—9:00以及下午12:30—1:00点期间的棒状图，我将这些棒状图称为参考棒状图，因为我将其看作特定时间段的参考点。如果市场交易价格高于棒状图，市场是看涨行情；如果市场交易价格低于参考棒状图，那么我认为市场是看跌行情。例如，我使用上午8:30到9:00形成的棒状图来帮助我监测上午的交易。我利用下午12:30到1:00形成的棒状图来帮助我进行下午的交易。

阻力点

阻力点是指市场价格无法继续上升的点。卖方会在此点进入市场并从中获利。因此，市场必须有足够的力量才能打破阻力点，使得价格继续上升。

转仓日

期货合约不同于该期货合约中的股票或证券，其会按季度截止。每季度的合约都会标注如下特定的字母：3月（H）、6月（M）、9月（U）、12月（Z）。每个季度最后一个月的第二个星期四为转仓日。那一天开始交易下一季度的合约。例如，3月的第二个星期四开始交易6月的合约；6月的第二个星期四开始交易9月的合约等等。通常前一季度的交易在转仓月的第三个星期四到期。例如，3月的第三个星期四是交易3月份合约的最后一天，6月的第三个星期四是交易6月合约的最后一天。一旦开始交易新合约，随着交易者从到期合约转向新合约，旧合约的结算会迅速下降。因此，一旦达到转仓日，交易新合约才是明智的行为。

刮头皮交易（Scalp trade）

短期交易的一种，该交易会从细微的价格变动中受益。

差额

有时交易者以某个特定价格买入或卖出一个合约,但订单却以不同的价格执行。预期价格与确定或执行价格的差别就是差额。通常交易者使用止损订单时会出现差额。避免差额的方式是使用限价订单。例如,交易者在 1147.00 的位置下止损订单,但该订单于 1147.50 处执行。交易者会承受半点差额。

止损订单

一种针对经纪人的订单,当标的工具的市场价格达到或超过特定价格时就转换成市场订单。止损订单可能会导致差额。

支撑点

在此点买方进入正在下跌的市场。当买方进入时,下跌势头停止或减缓。

最小波动价位

价格浮动的最小增量。在标准普尔 500 期货合约中,最小波动价位为 0.10 点。也就是说 1 点有 10 个最小波动价位。对于电子迷你股,每个最小波动价位为 0.25 点。因此 1 点有 4 个最小波动价位。对于道琼斯期货合约,每个最小波动价位就是 1 点。

TTICK

汤姆·巴斯比发明的专有指标,该指标将标准普尔期货的价格波动和 TICK 指标(纽约股票交易指标)结合在一起,从而确定市场的优势或劣势。

倾斜数字

即一笔合约、一笔交易或一天中交易者愿意冒险的最大资金。交易者应事先确定倾斜数字，并时刻关注该倾斜数字。如果交易者在交易中损失的数额达到了倾斜数字，他或她应退出交易。如果一天中某一时间交易者损失的数额达到了倾斜数字，他或她应停止该天的交易。通过观察倾斜数字，交易者可以保护其资金。

TICK

TICK 作为一个市场指标，反映了纽约股票交易所中发行的下跌的股票数量与上升的股票数量的差别。TICK 是市场动向的领先指标。+1000 的读数表示市场是超买；-1000 的读数表示市场是超卖的。

交易区

汤姆·巴斯比发明的，市场波动性和流动性较大的时间段。通常在交易区中交易机会比较多。在 24 小时制交易日中有 3 个交易区。

三巫碰头日

合约到期月的第三个星期四之后的星期五。这一天，期货合约、期货期权合约以及股票期权合约同时到期。

TRIN

TRIN 又称为阿姆士指标或交易指标，该指标用来衡量市场波动性。TRIN 是一个比的比率。计算公式如下：

$$\frac{上涨公司家数/下跌公司家数}{上涨公司交易量/下跌公司交易量}$$

TRIN 为 1.0 时是中立的。TRIN 越低，表明市场越趋向于看涨行情；TRIN 越高，表明市场越趋向于看跌行情。与 TICK 一样，TRIN 也是一个短期指标。但 TRIN 的动向与 TICK 相反。随着 TICK 上升，TRIN 就会下降；而 TICK 下降时，TRIN 就会上升。

V-因素

汤姆·巴斯比发明的一个专有指标,用来监测特定指数或交易所的成交量,并且以买盘对卖盘的比率反映出来。

波动性

某个商品或证券在特定时期的交易范围。

成交量

在任何特定时间内所交易的证券的单位总数。

附录 B　准备工作

电脑设备、交易平台及其他必需品

自从我开始交易以来，这场游戏已经发生了巨大改变。20 世纪 80 年代，没有贴现经纪人、没有在线交易，也没有两秒或 3 秒订单填写服务。交易者没有电脑，无法通过指尖获得巨大的信息。订单进入结算行进行处理。我不是专门研究计算机的人，但是如果我不想被时代所淘汰，那么我必须努力学习这些知识。我和年轻的交易者之间确实有代沟。他们手中握着鼠标长大，能够适应科技的进步。我能幸存下来是因为许多人帮助我，也是因为我想继续这个游戏并且能够在这个游戏中获得成功。如果你想成为成功的日交易者，你必须充分利用巨大的科技进步。

在附录 B 中，我将一步步地讲解作为交易者应如何准备。如果你已经涉足交易，那么你可能不需要这个信息，因为这些信息是非常基础的。你可能已经知道了，但是希望你喜欢自己的操作系统。因此，你可以浏览一下这些信息，看看是否有你没有了解的信息。

你想交易什么？

你要解决的第一个问题是你想交易什么。如果你想交易期货，那么你需要开立保证金账户。如果你想交易股票，那么你需要股票账户。如果你想进行日交易股票，那么你需要保证金股票账户。我第一次开立经纪账户时，我是想交易猪腩这种商品的，但是我开立了股票账户，我甚至都不知道其中的区别。一些交易者喜欢这个工具，而另一些可能喜欢别的工具。我喜欢期货，但许多交易者只想交易股票。还有一些交易者喜欢期权、商品或者债券。考虑一下你正在交易的工具的特性。你的性格适合交易这个工具吗？你是否具备所需的教育和知识或者你能获得所需的知识吗？你需要多少资金呢？多少时间呢？认真考虑一下你的答案，然后选择你想交易的工具。

我知道一些人非常擅长交易某种工具，但对其他的工具并不擅长。例如，一些人非常了解股票市场，但其他人却了解期权。你选择什么没关系，只要你选择的工具符合你的技能和财力。确定好你想交易什么之后，全身心地投入其中，尽可能地多学习。在这个游戏中，知识就是力量。当然，你要确保开立的账户与你选择的工具相对应。

接受教育

不要在没有接受相关教育的情况下进行交易。从阅读和调查开始，你要意识到书架上还有很多关于交易的书籍，因为你需要多学习。同样美国各地甚至全世界各地有许多培训班，还有许多网上课程。

我们的日内交易研究所在亚拉巴马州墨比尔市以及其他美国主要城市授课，也有其他一些经验丰富的交易者所教授的项目和课程。芝加哥贸易委员会（CBOT）和芝加哥商品交易所（CME）也提供教育材料。一些经纪公司会提供培训，但你要小心点，不要相信那些告诉你不需要承担任何风险和损失并且你可以一夜暴富的人。一些人声称其具有相应的体制，可以打败华尔街，那么你要小心这些人，因为没有一个体制可以适应市场的所有阶段。你必须接受教育，并随着市场环境的改变而改变。这是你获得成功的唯一途径。

记住教育是不便宜的，因此为教育投资一部分资金吧。

开立账户

接下来，你需要一个经纪公司和结算行。经纪公司为你下订单，而结算行可以处理交易或者通过交易所结算交易。如今公司提供各种各样的服务。一些公司佣金和保证金的要求较低，其他一些收取的佣金和保证金却较高。但是这些公司花费虽然高，提供的服务和帮助却较多。最好调查一下，货比三家，最后选择最好的公司。交易开始后，佣金结构以及其他交易花费是需要重视的。如果你过度交易，那么佣金可能会将你吞噬。

除了花费，你需要找出如何接收指令，公司提供哪种支持，以及如果出现问题你要联系谁。相信我，你经常会遇到问题，不管是技术上的还是其他的问题。你需要联系经纪人或结算行。你要知道发生问题时应该怎么做。记下紧急电话，方便在紧急的时候联系他们。

记住如果你想交易期货，那么你需要保证金账户。如果你想交易股票，那么你需要股票账户。如果你想进行日交易股票或期权，那么你需要保证金股票账户。确保你的账户符合需求。

电脑

在交易时，你需要一台电脑，以便处理大量的数据信息。你可以接受实时报价并处理交易。你一定不希望当你的订单在市场中交易时电脑突然死机。我曾经经历过这种事件，这种感觉非常不好。因此，你需要确保你的电脑可以处理大量数据和其他所需程序。

我承认我不太懂电脑，但是我的首席指导杰夫·史密斯却非常了解电脑。他是握着鼠标长大的，他给我讲解所需要的知识。因此，我只给你讲解所需基本设备的概述。科技日新月异，在这本书写作时（2005 年 5 月），我建议你至少使用 2.6GHz 或者更高配置的电脑，或者相当于奔腾 4 或同等处理器。你的随机存取储存器至少要达到 1GB。

你也需要一个显示卡，这样你可以同时操作两个或更多监测器。当你监测多个市场，并观察多个图表时，你需要至少两台监测器。那并不是说你无法用一个监测器进行交易。当我旅行时，我只使用一个监测器。但是两个监测器会更加方便。

我建议你使用的电脑至少是 40 千兆字节硬盘驱动器，7200 RPM SATA 硬盘，8 兆高速缓存。这样你可以快速阅读和写作。

你可以使用超线程处理器或者双处理器的计算机。这样你才可以同时运行两个进程。

同样，你至少要有一个监测器，使用至少17英寸平板监测器。当然你也可以使用更大的。

最后，你需要准备一个LAN接口，以接入宽带。我知道少数人不使用高速网络链接进行交易。他们仍然依靠调制解调器接入。我不建议你这样做。市场变动是非常快的，如果你想跟上市场的速度，你需要一个高速网络链接。你可以通过电话获得DSL，也可以通过电缆运营商接入光缆，你只要确保设备是可用的。但是当你在交易时，光缆或电话连接却断了，没有什么比这更让人烦恼了。你会急忙给经纪人打电话，让他帮你交易，或者让他帮你检查止损点。我有过这样的经历，但我再也不想经历这些了。另外你可以定制交易电脑。多年来我的一个朋友约翰·齐腾登（网址www.xview.com）给我定制了多个电脑。他会把交易者所需要的一切设置在电脑中。

交易平台

接下来，你需要一个交易平台。许多公司提供交易平台，这些交易平台有许多不同的性能和服务，也有不同的成本结构。同样，你要货比三家，找到最适合自己的交易平台。

找到交易平台后，你要先练习使用该交易平台。至少进行一周的模拟练习。学习如何快速下单，并且快速退出股票。一些平台会有一个扁平按钮，当你按下此按钮时，你会退出所有股票。还有一些平台可以用预编程序的方式执行订单。交易平台有各种各样的方式。

交易者经常犯的一个错误是没有正确操作交易平台。当你想要买入时，你很容易点击错误的交易按钮，从而将股票卖出。这就是你在交易真正的合约前，先练习一下的原因。进行一些模拟，练习下订单、改变订单、移动订单以及检查订单状态。确保你适应这一过程，并且能够快速进入和退出市场。

数据源

只有掌握正确的数据，你才能进行交易。你需要一个实时报价系统，为你提供精确及时的信息。确保你的数据提供者可以收集到你进行交易所需的信息。一些数据馈源不提供期货数据，有些可能提供期货数据，但不提供股票数据。一些可能提供国内市场的数据，但不提供国外交易所的数据。确保你能得到所需要的数据。

数据馈源的成本取决于你得到的数据。交易所会收取一个基础费用，然后你获取的数据越多，那么你支付的费用就越高。

你获得的数据的真实性是非常重要的。许多网站提供免费数据，但是它们提供的是过时的信息。我没有了解到哪个网站提供免费的实时报价，你必须支付相应的费用，但这是值得的。使用过时的数据进行交易给你带来的损失是难以想象的。市场以惊人的速度变化，你必须了解实时数据。一些数据源提供者并不可靠。四处问问，倾听其他交易者的经验，然后选择能够提供你所需要的可靠信息提供者。

报价和图表程序

你可能需要一个报价和图表程序来处理你接收到的数据。我使用路线图软件。这个软件将数据形成图表，而且这个软件还具有其他功能，例如存储数据等等。你可能需要这样的程序，同样也有许多这样的程序，调查一下，然后找出最适合你的。

其他想法

除了具备适当的设备，你还需要正确的时间和空间。寻找一个安静的地方，这样你可以集中注意力。交易需要精力集中。如果分散注意力，你可能错过一些重要数据或信息。你需要关注手中的工作赚钱。

美国国税局具体的特定规则极大地影响着日交易的利润和损失。因此，你需要一个了解交易的会计师，帮助你正确处理税务。这是非常重要的，因此一定要咨询具备这方面知识的税务筹划专家。

交易检核表

1. 确定你想要交易什么。

2. 接受教育。学习如何投资你所选择的交易工具。

3. 开立账户。

4. 准备能够满足交易要求的电脑。

5. 选择交易平台,并在该平台练习数小时。确保你掌握了快速进入和退出市场的技能。

6. 购买可靠的数据。确保你的数据及时且精确。

7. 选择能够满足你的要求的报价和图表程序。这可能不是免费的。

8. 合理分配交易时间。

9. 选择安静的地方进行交易,这样能够最大限度地集中注意力。

10. 确保你的会计师了解关于日交易的税法,并且能够正确填写你的纳税申报表。

附录 C　订单类型

如何理解订单以及如何下订单会让我们感到迷惑。我们都不是握着鼠标出生的，因此很容易选择错误的订单或者点击了错误的交易按钮。因此，在交易前，你需要熟悉订单类型，并且模拟练习下订单。下订单过程中出现错误会将原本盈利的交易变成损失。每个交易者都会在下订单过程中出现失误，并且由此遭受经济损失。

如果你同时交易不同的指数，你甚至会进入错误的市场，因为曲线顶部看起来非常相似。我记得最近有一天，我想交易标准普尔股指期货，不知怎么回事，我实际上进行了日元交易，交易了几秒后，我感觉出错了。几秒钟之后我才意识到我购买了日元。我停下所有事情，努力退出市场。

幸运的是，我在这个交易中是盈利的，但即使我赔钱了，我也已经进入市场进行了交易。我不想突然进入某个市场。我总是计划、准备，然后制定战略。但是我知道即使经验丰富的交易者在下订单时也会犯错。因此，在进行交易之前，尽可能学习下订单并练习这一过程。这会减少错误，并且增加你的利润。

现在让我们讲解一下订单吧。

交易者可以利用订单做两件事情：进入市场和退出市场。买单就是买空或补仓或退出空头交易的订单。卖单是卖空或补仓或退出多头交易的订单。停损买单和限价卖单必须在高于目前市场价格的地方进行。而停损卖单与限价买单必须在低于市场价格的地方进行。如果你错误地将限价卖单设置在低于市场交易价格的地方怎么办呢？你的订单会变成市价订单，从而立即进入市场执行。如果你在高于市场交易价格的地方设置了限价买单，也会发生同样的事情。订单会变成市价订单，然后立即以目前的市价将你带入市场。

为什么会出现这个问题呢？假如标准普尔500指数期货以1005.00的价格进行交易，并且你正在进行多头交易（你买入的价格为1003.00）。你想在市场达到1007.00时提取利润。你将指针移向交易圆顶，然后在低于目前市场交易价格的地方点击鼠标。此时你的订单变成了市价订单，并且被立即执行。你原本想在高于目前市场价格两点的1007.00处下限价卖单。不幸的是，你在错误的位置点击了鼠标。你没有获得4点利润，相反你只是获得了2点利润，因为你下订单出现了失误。

或者，标准普尔以1004.00的价格进行交易。你想在价格上升到1005.75时进入市场。如果市场能升到那一水平，你想购买一个合约。如果无法上升到那个水平，你想远离市场。你提前设置了订单，但是你设置的是限价订单，而不是止损订单。同样，该订单会立即进入市场，你在出乎意料的地方进入了市场。市场可能不会上升到你期望的入市点，从而给你带来损失。下面回顾一下基本的订单类型。

市价订单

市价订单是指在订单到达交易所时，经纪人立即以最佳价格执行的一种订单。市价订单是唯一保证执行的订单。在下订单时，买入价就是买方愿意支付的价格，卖方开价是指卖方希望卖出的价格。因此市价订单会出现一些差额，特别是在快速变动的市场中。

止损单

止损单指当标的工具的市场价格达到或超过特定价格时就会变成市价订单的一种订单。这是一种持有或应变的订单，在市场达到某个特定价格时使用。该订单也是在市场达到某个价格时执行。这种订单可以提前设置，以此入市或者保护自己。这种订单也会出现差额。记住执行该订单是没有保证的，也就是说可能你的价格达到了，但你的订单并没有被填写。

限价止损单

这种订单是止损单和限价单的结合。首先交易者明确规定止损价格

（在该价格时选择止损单），然后明确规定限制价格。这种订单会暂时搁置限价订单。当达到止损价格时，该订单才会成为限价订单。

指定价格交易（MIT）

这种订单可以替代限价订单。记住当你使用限价订单时，该订单不会保证执行，除非市场以你设定的价格进行交易。但是，使用 MIT 订单时，一旦达到特定价格，该订单就直接作为市价订单进入交易层。因此，如果达到规定价格，该订单会立即执行。

订单取消订单（OCO）

一些交易平台允许使用 OCO 订单，而有些则不允许。使用这种订单时，交易者可以同时进行多个订单。一个订单被执行的同时，其他订单会被取消。例如，如果你想以 1122.00 的价格买空（买入）标准普尔电子迷你股，在 1125.00 时提取利润，并且在 1119.25 处设置保护性止损点，那么你最好选择 OCO 订单。你可以在 1122.00 买入，并且进行多头交易。如果你的利润目标是 1125.00，并且你在此处的订单被执行了，那么 1119.25 的订单就会被取消，然后你会带着利润退出市场，没有其他待执行的订单。或者如果交易与你预期的趋势相反，市场下跌至 1119.25，那么达到了保护性止损点，此时你会承受损失，并退出市场。但是，1125.00 的利润目标订单就会被取消。因此，你没必要担心没有执行的订单会出乎意料地被执行。交易者通常在夜市和凌晨使用 OCO 订单。

关于差额的说明

下订单时，订单可能不会以期望的价格执行。例如，你可能希望以 90.00 美元每股的价格购买国际商业机器公司的股票。你在此点设置了止损订单来买入。但是，你的订单在 90.00 美元处没有填写，而是在 90.10 美元处完成，那么你的订单就有每股 10 美分的差额。如果可以的话，你可以使用限价订单来减少差额。

译后记

不论是在哪个国家，撇开制度建构等宏观意义不谈，对任何理性行为人来说，资本市场自创始之日起，便毫无疑问地具有了无比神奇的魔力和超越一切的力量。它就像命运女神手上的魔杖，既能使一贫如洗、身处社会底层者赚取巨额收益，实现财富积累传奇；它也会让富可敌国、权倾一时者跌落万丈深渊，甚至走上一条不归路。

翻开历史，"现代证券之父"本杰明·格雷厄姆，"股神"沃伦·巴菲特，"最伟大的交易员"杰西·利弗莫尔，等等，一个个家喻户晓的名字；《证券分析》《大作手操作生涯》《沙巴克图表分析圣经》《日本蜡烛图技术》，等等，一本本绝对经典的著述，激励着世界各国一代又一代或职业或业余的交易者们，孜孜不倦地探索、总结其交易技术。

诚然，交易是一门艺术而不是科学。可以说，交易者要想获得成功，虚心学习一切有价值的他人经验，实现为我所用是一个必要条件。而呈现在读者面前的《超短线操盘制胜之道——职业交易生涯的经验和技巧》正是一本值得我们仔细研读并切实践行的书。

本书作者托马斯·L. 巴斯比是一位经验丰富的职业交易者，他也是美国投资业界著名的资深行家。巴斯比从事交易行业多年，从1987年10月19日"黑色星期一"的瞬间破产，到屡败屡战后最终实现稳定盈利并成为一个成功交易者，他大起大落的曲折交易之路，使本书比一般图书更有说服力和实操性。巴斯比还合伙创办了知名交易培训学校——日内交易研究所（www.dtitrader.com），以自己独创的交易方法和策略，长期致力于为无数普通交易者提供交易帮助和实战培训，并产生了广泛影响。

在本书中，作者详细介绍了多年来所总结出的交易教训和实盘操作技巧。虽然原著已出版多年，但其中的很多交易思想和方法无疑仍会令国内交易者，特别是新手交易者耳目一新。特别是巴斯比深入讲解了自己探索出的、屡试不爽的交易方法——3T交易策略。该策略将资金分3个部分进行交易，即最小变动价位部分（Tick portion）、交易部分（Trading portion）和趋势部分（Trending portion）。交易者可通过快速出手第一部分和第二部分股票获得相应利润，弥补第三部分的潜在交易风险。这种交易策略可以有效降低风险，让市场来资助我们交易。

像其他交易学书籍一样，作者也反复强调风险管理和执行止损的重要性。这正是告诫交易者不要幻想着参与市场就能一夜暴富，利润永远居于风险之后。你必须先考虑降低风险，管理好资金，然后再谋求盈利！

此外，本书最后一章《关于天才学说的反思》也颇值得有经验的或资深的交易者深思。任何行为都要以动机为支撑。说得形而上点，交易这门艺术归根结底是人性的磨砺和趋善。对金钱的贪婪、对失败的恐惧、成功后的傲慢……如何驾驭这些，将决定你最终能否成为一个成功的交易者。通常，战胜华尔街的并非天才，而是那些掌握了适合自己的交易技巧并自律践行的人。

总之，本书既浅显易懂，又不乏精辟洞见。新手交易者完全可以自学本书，有经验者也不妨抛开傲慢与偏见，细细品味，你定会获益无穷。既然我们都是普通人，不妨从阅读本书开始，不断锤炼自己，相信你的账户余额定会不断增加。

本书中文译本得以顺利付梓，首先要感谢父母对我们的无私培养，还要感谢妻子柯婷婷女士对家庭的默默付出。我们还要真诚感谢本书策划倪明先生的信任。倪明兄"撷西方交易学之精华，为国内交易者作启迪"的远大志向和已取得的丰硕成果，着实令我们敬佩，也鼓励我们更严谨地译好本书。